Sie wollen gleich mit dem Training beginnen?! Ja. klar! Nur kurz würden wir Sie zuerst über

DIE VERWENDUNG DIESES BUCHES

informieren.

Das Buch besteht aus 4 Kapiteln:

1. Hangul-Crash-Kurs

Wenn das koreanische Schreiben völlig neu für Sie ist, leitet dieses Kapitel Ihren Lernprozess ein. Sie beginnen mit den Grundlagen und gehen allmählich zu anspruchsvolleren Inhalten über.

2. Silben-Schreibpraktikum

Hangul-Silben sollen nicht auswendig gelernt werden. Sie hätten es jedoch einfacher, auf Koreanisch zu lesen und zu schreiben, nachdem Sie diese Silben einige hundert Male geschrieben hätten. Vervielfältigen Sie die Seiten, um so zusätzliches Übungsmaterial zu erhalten.

3. Wörter-Schreibpraktikum

Das Schreiben von Hangul-Silben macht Spaß, aber das Schreiben von koreanischen Wörtern und Phrasen noch mehr. In diesem Abschnitt haben wir über 200 Wörter und nützliche Ausdrücke zusammengestellt, die Sie üben können.

4. Hangul-Flash-Karten

Einfach die Seiten ausdrucken und nach Lienen ausschneiden - so haben Sie Ihre eigenen Kartei-Karten mit einem Hangul Buchstaben auf der einen Seite und seinem Namen und seiner Romanisierung auf der anderen Seite. So ersparren Sie sich zusätzliche Kosten!

WARNUNG! Dieses Buch verwendet die Standard-Romanisierung von Hangul-Zeichen (die die koreanische Sprache in der lateinischen Schrift darstellen), um Ihnen anfangs das Verständnis des koreanischen Schriftsystems zu erleichtern. Wir raten jedoch dringend davon ab, die Romanisierung zu verwenden, um zu verstehen, wie diese Symbole tatsächlich ausgesprochen werden. Viele koreanische Schriftzeichen haben kein Äquivalent im Deutschen, daher kann die Romanisierung irreführend sein. Bitte beachten Sie die Audio-Kurse, die online verfügbar sind, um eine Vorstellung von der richtigen Aussprache zu bekommen (auch Google Translate hilft!).

Das wäre es schon! Sie können beginnen!

공부하자!

(Gongbuhaja! - Ran ans Lernen!)

Rückmeldungen zu diesem Arbeitsheft richten Sie bitte an:
lilas.publishing@ya.ru
Lilas Lingvo Team

Inhalt

Hangul-Crash-Kurs 1

Silbenblöcke 3
Vertikaler Silbenblock 4
Horizontaler Silbenblock 8
Null-Klang-Konsonanten 11
Buchstabe ㅇ am Ende der Silbe 13
Vokale ㅓ, ㅜ, ㅣ und ㅡ 16
Vokale ㅔ, ㅐ, ㅑ und ㅛ 20
Vokale ㅕ, ㅠ, ㅖ und ㅒ 24
Silbenblöcke mit vier Buchstaben 28
Doppelte Konsonanten 29
Starke Konsonanten 33
Diphtonge 37
Regeln für den Klangwechsel 43

Silbenschreibübungen 45

Grundlagen der Silbenbildung 46
Konsonant + ㅏ 47
Konsonant + ㅑ 49
Konsonant + ㅓ 51
Konsonant + ㅕ 53
Konsonant + ㅗ 55
Konsonant + ㅛ 57
Konsonant + ㅜ 59
Konsonant + ㅠ 61
Konsonant + ㅣ 63
Konsonant + ㅡ 65
Konsonant + ㅐ 67
Konsonant + ㅔ 69
Konsonant + ㅒ 71
Konsonant + ㅖ 73
Konsonant + ㅘ 75
Konsonant + ㅙ 77
Konsonant + ㅚ 79
Konsonant + ㅝ 81
Konsonant + ㅞ 83
Konsonant + ㅟ 85
Konsonant + ㅢ 87
Doppelte Konsonanten + ㅏ 89
Doppelte Konsonanten + ㅑ 90
Doppelte Konsonanten + ㅓ 91
Doppelte Konsonanten + ㅕ 92
Doppelte Konsonanten + ㅗ 93
Doppelte Konsonanten + ㅛ 94
Doppelte Konsonanten + ㅜ 95
Doppelte Konsonanten + ㅠ 96
Doppelte Konsonanten + ㅣ 97
Doppelte Konsonanten + ㅡ 98
Doppelte Konsonanten + ㅐ 99
Doppelte Konsonanten + ㅔ 100
Doppelte Konsonanten + ㅒ 101
Doppelte Konsonanten + ㅖ 102
Doppelte Konsonanten + ㅘ 103
Doppelte Konsonanten + ㅙ 104
Doppelte Konsonanten + ㅚ 105
Doppelte Konsonanten + ㅝ 106
Doppelte Konsonanten + ㅞ 107
Doppelte Konsonanten + ㅟ 108
Doppelte Konsonanten + ㅢ 109
Silben aus vier Buchstaben 110

Wortschreibübungen 111

Nützliche Ausdrücke 112
Farben 114
Familie 116
Haus 119
Berufe 120
Essen und Trinken 123
Tiere 125
Datum und Uhrzeit 127
Stadt 129
Kleidung und Mode 131

Hangul-Flash-Karten 133

한글 크래시 코스

Hangul-Crash-Kurs

Hangul-Diagramm

Konsonante

ㄱ	ㄴ	ㄷ	ㅈ	ㅁ	ㅂ	ㅅ
[g/-k]	[n]	[d/-t]	[j]	[m]	[b/-p]	[s]
ㅋ	ㅇ	ㅌ	ㅊ	ㄹ	ㅍ	ㅎ
[k]	[-/-ng]	[t]	[ch]	[r/-l]	[p]	[h]

Vokale

ㅏ	ㅓ	ㅗ	ㅜ	ㅣ
[a]	[eo]	[o]	[u]	[i]
ㅑ	ㅕ	ㅛ	ㅠ	ㅡ
[ya]	[yeo]	[yo]	[yu]	[eu]

Vokalkombinationen

ㅐ	ㅔ	ㅒ	ㅖ
[ae]	[e]	[yae]	[ye]

Diphtonge

ㅚ	ㅝ	ㅞ	ㅟ	ㅢ	ㅘ	ㅙ
[oe]	[wo]	[we]	[wi]	[ui]	[wa]	[wae]

Doppelte Konsonanten

ㄲ	ㄸ	ㅃ	ㅉ	ㅆ
[gg/-kk]	[dd/-tt]	[bb/-pp]	[jj]	[ss]

Silbenblöcke

Auf den ersten Blick mag das koreanische Schreibsystem (Hangul genannt) sehr kompliziert erscheinen. Im Gegensatz zu anderen asiatischen Schriftsystemen, wie Chinesisch oder Japanisch, ist Hangul jedoch einfach zu erlernen, da es sich tatsächlich um ein Alphabet handelt. Wir müssen uns nicht Hunderte von Symbolen merken, sondern nur die 24 einzelnen Buchstaben: 14 Konsonanten und 10 Vokale. Es gibt andere Symbole, diese sind jedoch lediglich Kombinationen der bekannten Buchstaben (siehe Tabelle links).

Die scheinbare Komplexität von Hangul beruht auf der Tatsache, dass Wörter nicht aus einzelnen Buchstaben sondern aus Silbenblöcken zusammengesetzt werden.

Zum Beispiel wird das Wort "Hangul" nicht so geschrieben: ㅎ ㅏ ㄴ ㄱ ㅡ ㄹ

sondern eher so: 한글

Es gibt Tausende Variationen von Silbenblöcken, es sei jedoch wiederholt betont, wir müssen uns sie alle nicht merken, sondern nur die 24 grundlegenden Buchstaben kennen, um lesen und schreiben zu können.

Um eine Hangul-Silbe zu schreiben, benötigen wir mindestens 2 Buchstaben: einen Konsonanten und einen Vokal. Wollen wir jetzt unsere ersten Buchstaben schreiben?! Beachten Sie bitte die durch die Pfeile gezeigte Strichführung.

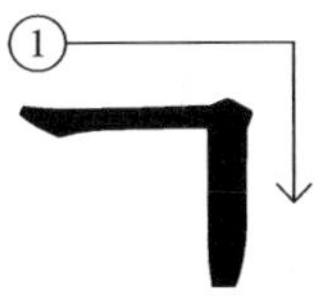

기역 [gi-yeok]

Typ: **Konsonant**

Aussprache: **[g/-k]**

Üben Sie, diesen Buchstaben selbst zu schreiben:

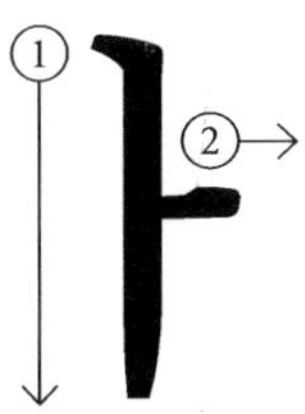

아 [a]

Typ: **Vokal**

Aussprache: **[a]**

Üben Sie, diesen Buchstaben selbst zu schreiben:

Vertikaler Silbenblock

K	V

K - Konsonant
V - Vokal

Jetzt, da wir unseren ersten Vokal und Konsonanten kennen, schreiben wir unsere allererste Hangul-Silbe. Dafür müssen wir uns mit dem ersten Silbenblocktyp vertraut machen, in dem ein Konsonant und ein Vokal zusammengesetzt werden.

Wenn wir unseren ersten Konsonanten ㄱ [g,-k] mit unserem ersten Vokal [a] kombinieren, erhalten wir unsere erste Silbe: 가 [ga].

ㄱ	ㅏ

[ga]

Wollen wir üben, diese Silbe zu schreiben?! Beachten Sie, wie sich der vertikale Strich des Buchstabens ㄱ biegt, um den zugewiesenen Platz im Silbenblock besser auszufüllen. Bitte achten Sie die Stichführung!

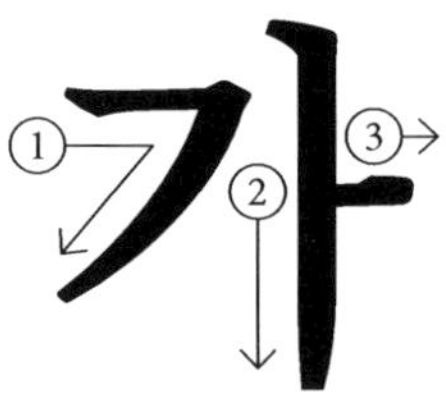

[ga]

Üben Sie, diese Silbe selbst zu schreiben:

가

Jetzt, da wir wissen, wie man Hangul-Silben schreibt, lernen wir noch einige Konsonanten, die wir mit unserem ersten Vokal ㅏ [a] kombinieren können!

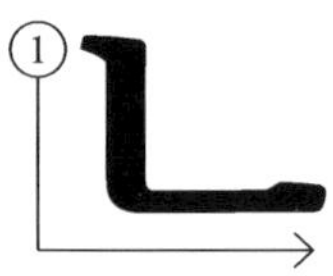

Typ: **Konsonant**
Aussprache: **[n]**

니은 [ni-eun]

Üben Sie, diesen Buchstaben selbst zu schreiben:

ㄴ

Kombinieren wir unseren neuen Konsonanten ㄴ [n] mit dem Vokal ㅏ [a], den wir bereits kennen:

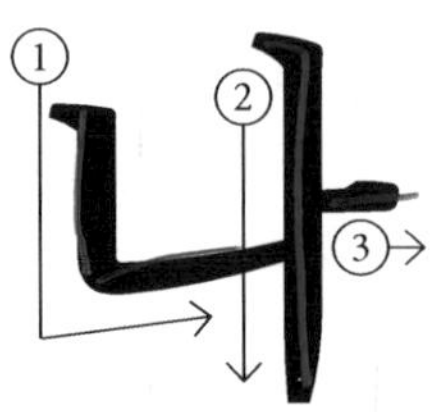

[na]

Üben Sie, diese Silbe selbst zu schreiben:

나

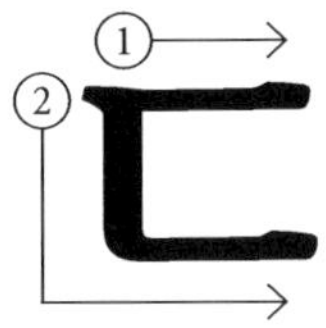

Typ: **Konsonant**
Aussprache: **[d,-t]**

ㄷ 디귿 [di-geut]

Üben Sie, diesen Buchstaben selbst zu schreiben:

Kombinieren wir den Konsonanten ㄷ [d,-t] mit dem Vokal ㅏ [a]:

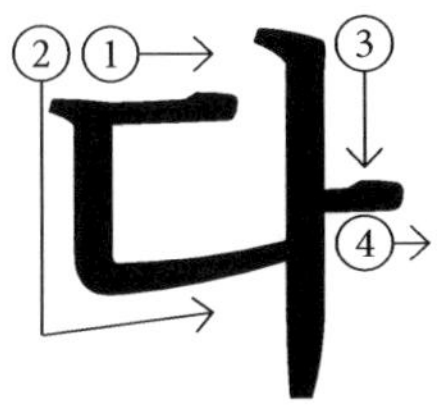

[da]

Üben Sie, diese Silbe selbst zu schreiben:

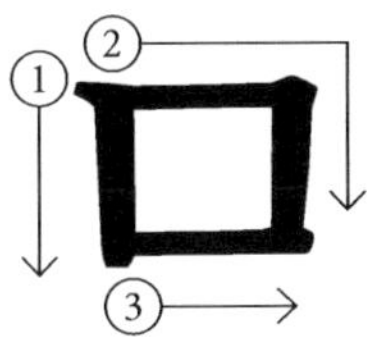

Typ: **Konsonant**
Aussprache: **[m]**

ㅁ 미음 [mi-eum]

Üben Sie, diesen Buchstaben selbst zu schreiben:

Kombinieren wir den Konsonanten ㅁ [m] mit dem Vokal ㅏ [a]:

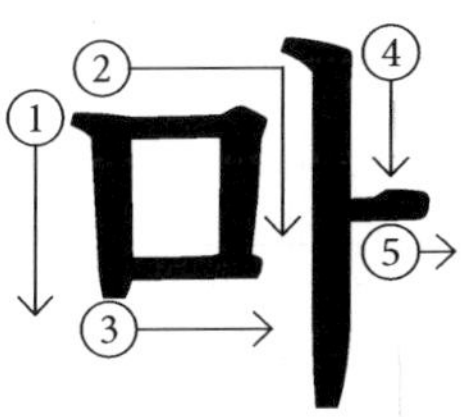

[ma]

Üben Sie, diese Silbe selbst zu schreibenf:

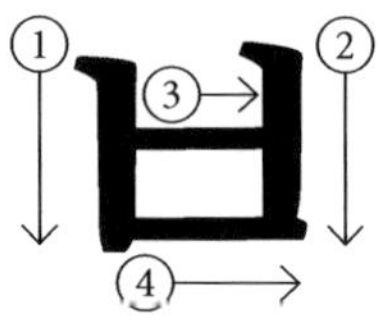

Typ: **Konsonant**

Aussprache: **[b/-p]**

비읍 [bi-eup]

Üben Sie, diesen Buchstaben selbst zu schreiben:

ㅂ

ㅂ

Kombinieren wir den Konsonanten ㅂ [b,-p] mit dem Vokal ㅏ [a]:

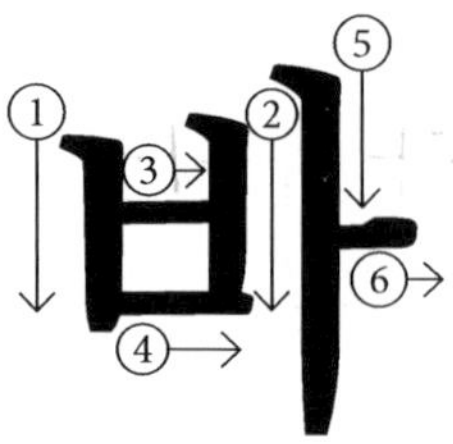

[ba]

Üben Sie, diese Silbe selbst zu schreiben:

바

바

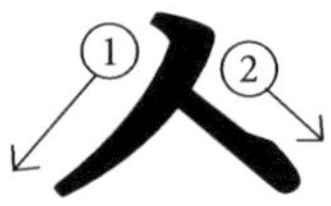

Typ: **Konsonant**

Aussprache: **[s]**

시옷 [shi-ot]

Üben Sie, diesen Buchstaben selbst zu schreiben:

ㅅ

ㅅ

Kombinieren wir den Konsonanten ㅅ [s] mit dem Vokal ㅏ [a]:

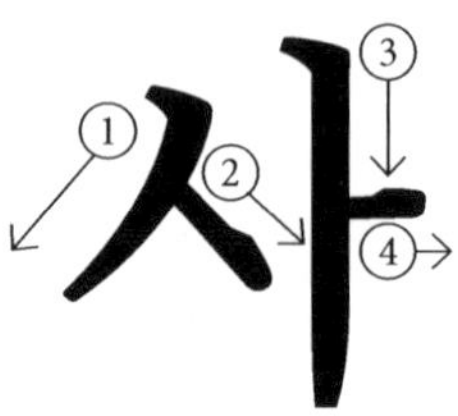

[sa]

Üben Sie, diese Silbe selbst zu schreiben:

사

사

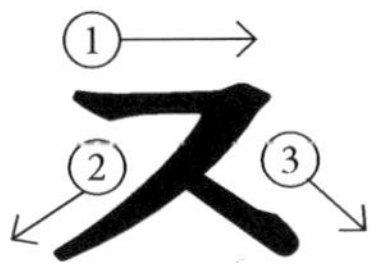

Typ: **Konsonant**
Aussprache: **[j]**

지읒 [ji-eut]

Üben Sie, diesen Buchstaben selbst zu schreiben:

Kombinieren wir den Konsonanten ㅈ [j] mit dem Voka ㅏ [a]:

Üben Sie, diese Silbe selbst zu schreiben:

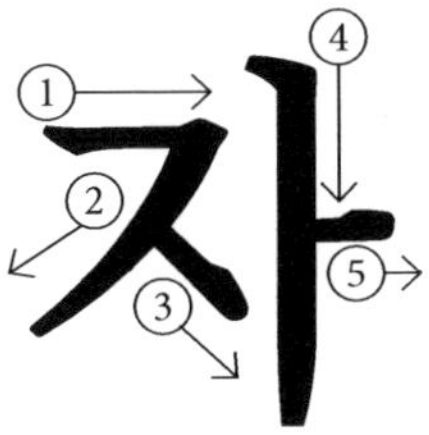

[ja]

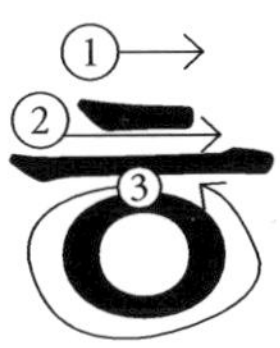

Typ: **Konsonant**
Aussprache: **[h]**

히읗 [hi-eut]

Üben Sie, diesen Buchstaben selbst zu schreiben:

Kombinieren wir den Konsonanten ㅎ [h] mit dem Vokal ㅏ [a]:

Üben Sie, diese Silbe selbst zu schreiben:

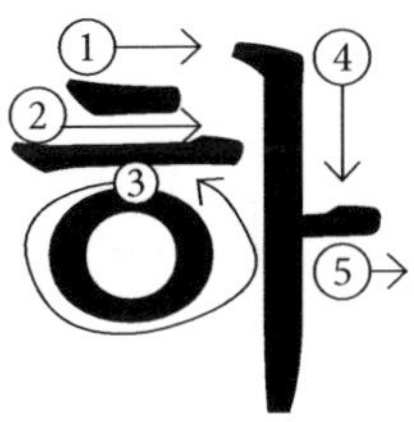

[ha]

Jetzt lernen wir unseren zweiten Vokal:

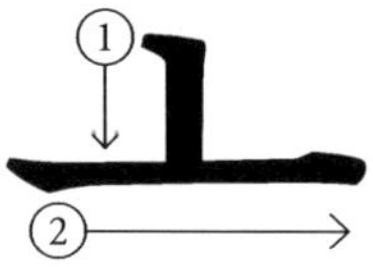

Typ: **Vokal**
Aussprache: **[o]**

오 [o]

Üben Sie, diesen Buchstaben selbst zu schreiben:

Horizontaler Silbenblock

K
V

K - Konsonant
V - Vokal

Unser erster Vokal ㅏ [a] war vertikal, daher verwendeten wir ihn in einem vertikalen Silbenblock. Vokal ㅗ [o] ist jedoch horizontal, daher müssen wir einen horizontalen Silbenblock verwenden.

Versuchen wir, alle Konsonanten, die wir bisher gelernt haben, mit unserem neuen Vokal ㅗ [o] zu kombinieren.

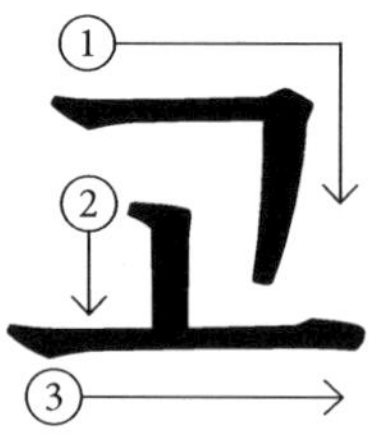

[ko]

Üben Sie, diese Silbe selbst zu schreiben:

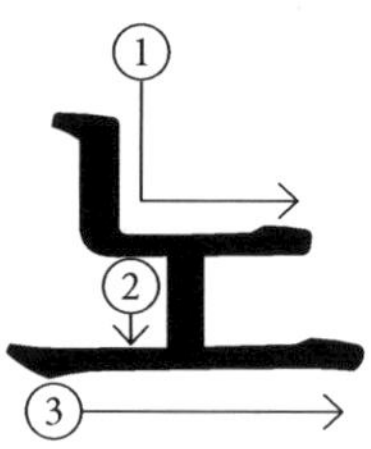

[no]

Üben Sie, diese Silbe selbst zu schreiben:

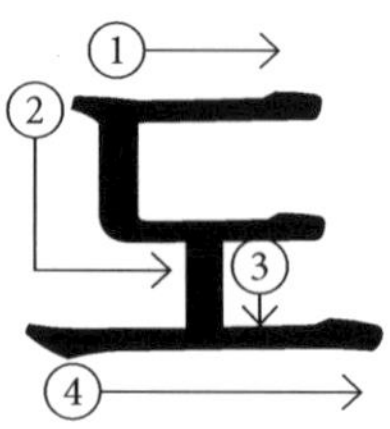

[do]

Üben Sie, diese Silbe selbst zu schreiben:

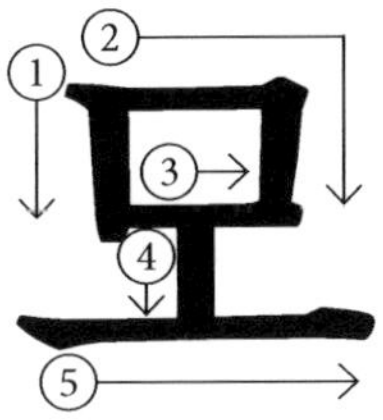

[mo]

Üben Sie, diese Silbe selbst zu schreiben:

모

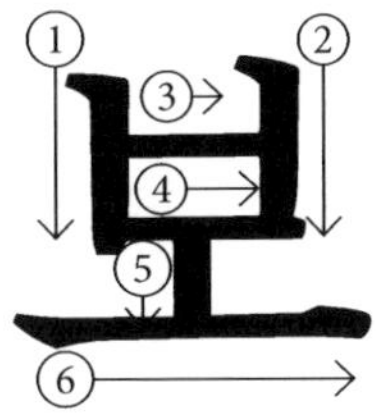

[bo]

Üben Sie, diese Silbe selbst zu schreiben:

보

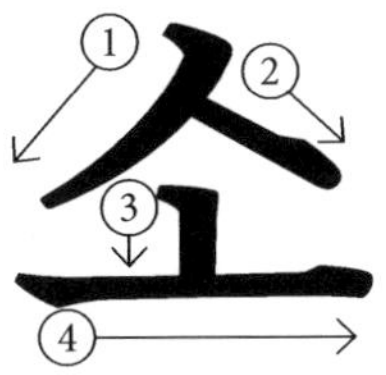

[so]

Üben Sie, diese Silbe selbst zu schreiben:

소

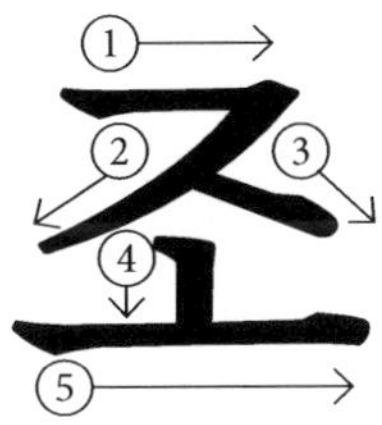

[jo]

Üben Sie, diese Silbe selbst zu schreiben:

조

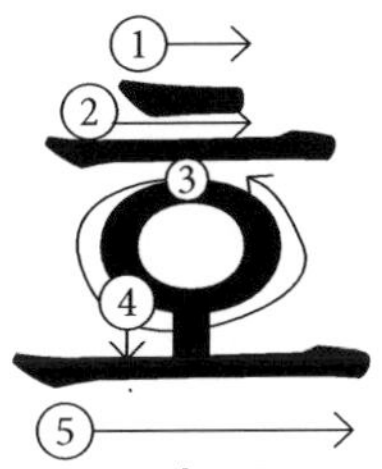

[ho]

Üben Sie, diese Silbe selbst zu schreiben:

호

Und noch einmal mit beiden Vokalen ㅏ [a] und ㅗ [o]:

	ㄱ	ㄴ	ㄷ	ㅁ	ㅂ	ㅅ	ㅈ	ㅎ
ㅏ								
ㅗ								

Jetzt lernen wir einen anderen Konsonanten:

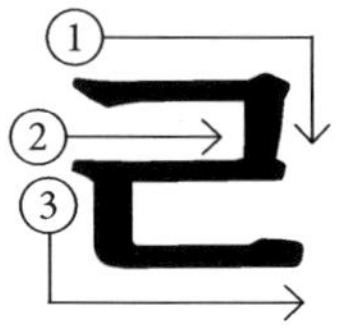

Typ: **Konsonant**
Aussprache: **[r/-l]**

리을 [ri-eul/li-eul]

Üben Sie, diesen Buchstaben selbst zu schreiben:

ㄹ

ㄹ

Versuchen wir es mit unseren Vokalen ㅏ [a] und ㅗ [o]:

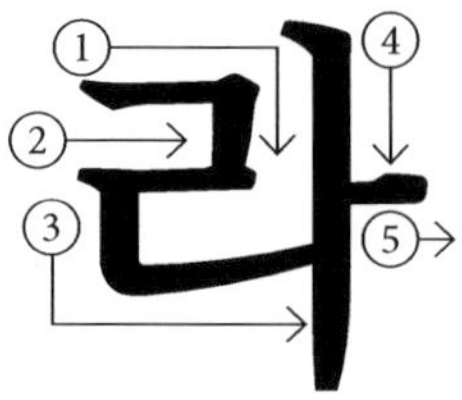

[la]

Üben Sie, diese Silbe selbst zu schreiben:

라

라

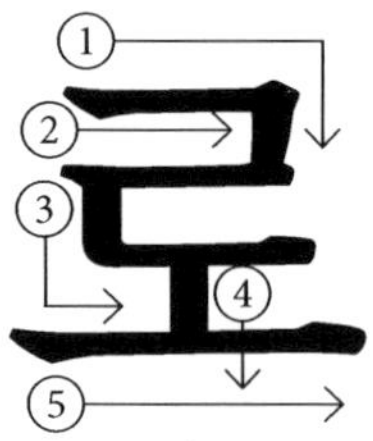

[lo]

Üben Sie, diese Silbe selbst zu schreiben:

로

로

Und weiter zu unserem nächsten Konsonanten, der ein ganz besonderer ist:

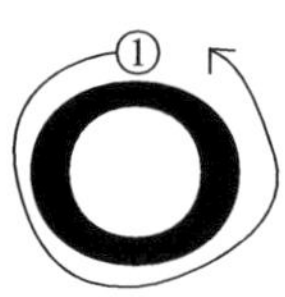

Typ: **Konsonant**
Aussprache: **[-/-ng]**

Tipp: Dieser Konsonant hat, wenn er vor einem Vokal verwendet wird, keinen Ton und sieht aus wie eine Null.

0 ㅇ

이응 [i-eung]

Üben Sie, diesen Buchstaben selbst zu schreiben:

ㅇ

ㅇ

Leerer Klang Konsonant

Bisher haben wir nur Silben verwendet, die mit einem Konsonanten beginnen. Ginge es auch ohne Konsonanten am Anfang? Dazu bräuchte man den Buchstabe ㅇ. Wenn er am Anfang einer Silbe steht, hat er keinen Ton und lässt den Vokal daher primär klingen. Dies wäre die erste Verwendung für den Buchstaben ㅇ. Versuchen wir, den Buchstaben ㅇ mit den Vokalen ㅏ [a] und ㅗ [o] zu verwenden, die wir bereits kennen.

Üben Sie, diese Silbe selbst zu schreiben:

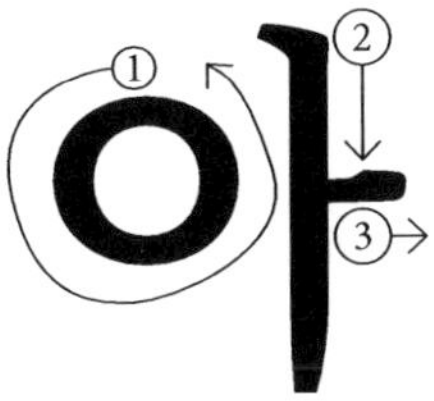

[a]

아

아

Üben Sie, diese Silbe selbst zu schreiben:

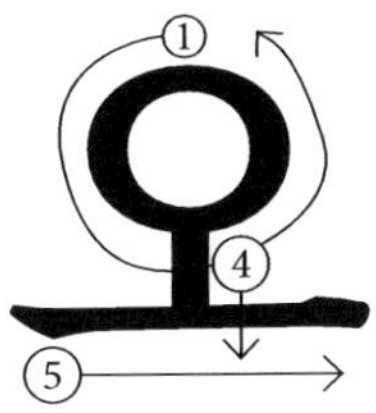

[o]

오

오

In Wörtern, in denen der Buchstabe ㅇ nicht ausgesprochen wird, können die durch diesen leeren Klang verbundenen Silben miteinander verschmelzon ausgesprochen. Zum Beispiel lautet das Wort 한국인 , was "eine koreanische Person" bedeutet, [hangugin] und nicht [han-gug-in].

Silben mit drei Buchstaben

Die zweite Verwendung für den Buchstaben ㅇ ist am Ende einer Silbe. In diesem Fall müssen wir zuerst zwei neue Arten von Silbenblöcken lernen, die einen Endkonsonanten enthalten:

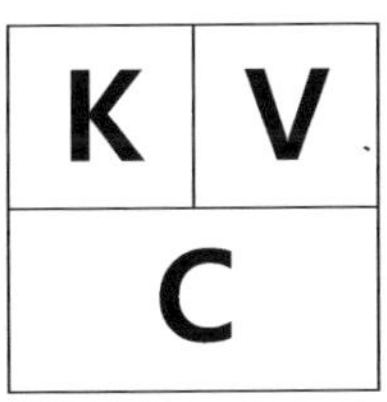

K - Konsonant
V - Vokal

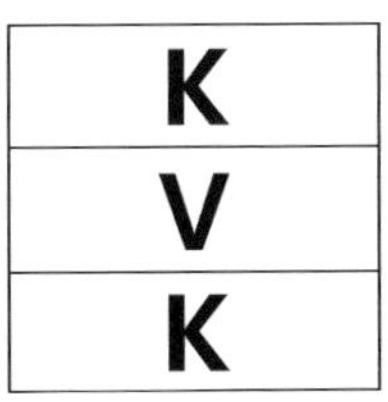

K - Konsonant
V - Vokal

Mit diesen neuen Silbenblocktypen können Sie zwei Konsonanten und einen Vokal zu einer Silbe kombinieren. Der Block links wird mit vertikalen Vokalen und der Block rechts mit horizontalen Vokalen verwendet.

Wollen wir üben, diese neuen Silbenblöcke mit Vokalen und Konsonanten zu schreiben, die wir bereits kennen!

Üben Sie, diese Silbe selbst zu schreiben:

[gan]

간

간

Üben Sie, diese Silben selbst zu schreiben:

녹
[nog]

녹									
녹									

달
[dal]

달									
달									

랍
[lab]

랍									
랍									

목
[mog]

목									
목									

볼
[bol]

볼									
볼									

산
[san]

산									
산									

접
[jeob]

접									
접									

Buchstabe ㅇ am Ende der Silbe

Die zweite Verwendung für den Konsonanten ㅇ ist, wie bereits erwähnt, am Ende eines Silbenblocks. In dieser Position erzeugt es einen [- ng] Ton.

Versuchen wir es mit dem Buchstaben ㅇ auf diese Weise Silben zu schreiben!

Üben Sie hier, diese Silben selbst zu schreiben:

공 [gong]	공									
	공									
낭 [nang]	낭									
	낭									
동 [dong]	동									
	동									
랑 [lang]	랑									
	랑									
몽 [mong]	몽									
	몽									
장 [jang]	장									
	장									

Wollen wir alles, was wir bisher gelernt haben, jetzt üben!

Üben Sie, diese Silben selbst zu schreiben:

아 [a]	아									
	아									
고 [go]	고									
	고									
앙 [ang]	앙									
	앙									
옹 [ong]	옹									
	옹									
람 [lam]	람									
	람									
졸 [jol]	졸									
	졸									
삽 [sab]	삽									
	삽									

Üben Sie, diese Silben selbst zu schreiben:

오 [o]

오									
오									

바 [ba]

바									
바									

잘 [jal]

잘									
잘									

압 [ab]

압									
압									

롱 [long]

롱									
롱									

족 [jog]

족									
족									

손 [son]

손									
손									

Vokale ㅓ, ㅜ, ㅣ und ㅡ

Jetzt, da wir bereits viele Konsonanten gelernt haben, wollen wir auch unsere Vokalpalette erweitern!

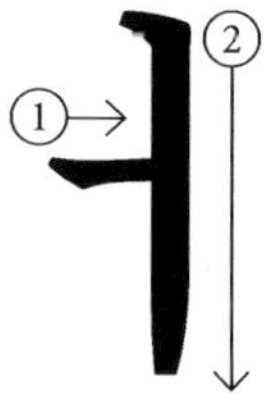

Typ: **Vokal**

Aussprache: **[eo]**

어 [eo]

Üben Sie, diesen Buchstaben selbst zu schreiben:

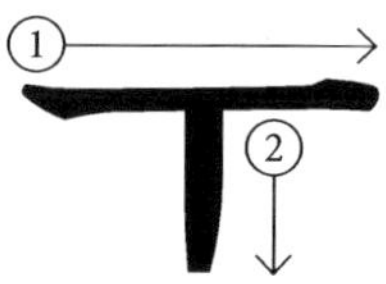

Typ: **Vokal**

Aussprache: **[u]**

우 [u]

Üben Sie, diesen Buchstaben selbst zu schreiben:

Typ: **Vokal**

Aussprache: **[eu]**

으 [eu]

Üben Sie, diesen Buchstaben selbst zu schreiben:

ㅣ

①

이 [i]

Typ: **Vokal**
Aussprache: **[i]**

Üben Sie, diesen Buchstaben selbst zu schreiben:

ㅣ											
ㅣ											

Tipp: Wenn ㅣ [i] mit dem Konsonanten ㅅ [s] kombiniert wird, ergibt sich der Klang [shi] nicht [si].

Wollen wir nun alles, was wir bisher gelernt haben, zusammenfassen und üben!

Üben Sie, diese Silben selbst zu schreiben:

고 [ko]

고									
고									

거 [geo]

거									
거									

도 [do]

도									
도									

너 [neo]

너									
너									

Üben Sie, diese Silben selbst zu schreiben:

놀 [nol]

놀									
놀									

런 [leon]

런									
런									

우 [u]

우									
우									

군 [gun]

군									
군									

물 [mul]

물									
물									

브 [beu]

브									
브									

즈 [jeu]

즈									
즈									

Üben Sie, diese Silben selbst zu schreiben:

흔
[heun]

흔									
흔									

빌
[bil]

빌									
빌									

밈
[mim]

밈									
밈									

선
[seon]

선									
선									

눈
[nun]

눈									
눈									

실
[shil]

실									
실									

심
[shim]

심									
심									

Vokale ㅔ, ㅐ, ㅑ und ㅛ

Hier können wir einige weitere Vokale lernen!

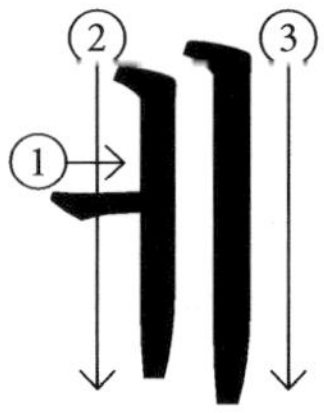

에 [e]

Typ: **Vokal**

Aussprache: **[e]**

Üben Sie, diesen Buchstaben selbst zu schreiben:

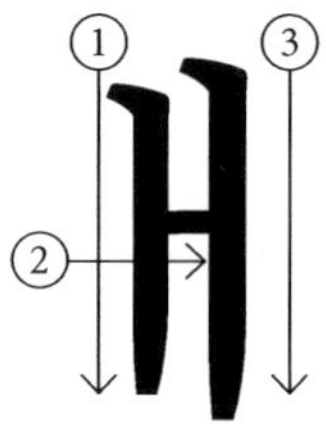

애 [ae]

Typ: **Vokal**

Aussprache: **[ae]**

Tipp: Der Vokal ㅔ (oben) und Vokal ㅐ klingen genau gleich.

Üben Sie, diesen Buchstaben selbst zu schreiben:

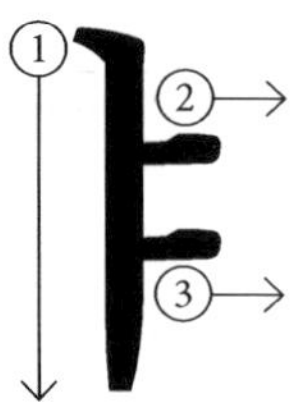

야 [ya]

Typ: **Vokal**

Aussprache: **[ya]**

Tipp: De Vokal ㅑ[ya] ist eine Kombination aus den Vokalen ㅣ[i] und ㅏ [a].

Üben Sie, diesen Buchstaben selbst zu schreiben:

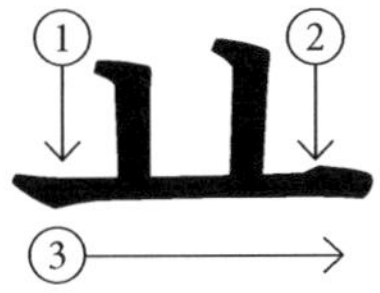

요 [yo]

Typ: **Vokal**

Aussprache: **[yo]**

Tipp: Der Vokal ㅛ [yo] ist eine Kombination aus den Vokalen ㅣ [i] und ㅗ [o].

Üben Sie, diesen Buchstaben selbst zu schreiben:

ㅛ											
ㅛ											

Tipp: Wenn ㅑ [ya] und ㅛ [yo] mit dem Konsonanten ㅅ [s] kombiniert werden, ergeben sich die Laute 샤 [shya] und 쇼 [shyo], beginnend mit [sh].

Wollen wir nun alles, was wir bisher gelernt haben, zusammenfassen und üben!

Üben Sie, diese Silben selbst zu schreiben:

게 [ge]

게										
게										

래 [lae]

래										
래										

샥 [shyag]

샥										
샥										

교 [gyo]

교										
교										

Üben Sie, diese Silben selbst zu schreiben:

행
[haeng]

행									
행									

냑
[nyag]

냑									
냑									

욕
[yog]

욕									
욕									

베
[be]

베									
베									

세
[se]

세									
세									

묘
[myo]

묘									
묘									

졀
[jyeol]

졀									
졀									

Üben Sie, diese Silben selbst zu schreiben:

매 [mae]

매									
매									

효 [hyo]

효									
효									

갸 [gya]

갸									
갸									

녑 [nyeob]

녑									
녑									

게 [ge]

게									
게									

쟈 [jya]

쟈									
쟈									

뇨 [nyo]

뇨									
뇨									

Vokale ㅕ, ㅠ, ㅖ und ㅒ

Und nun zum Schluß die letzten vier Vokale, die wir lernen müssen!

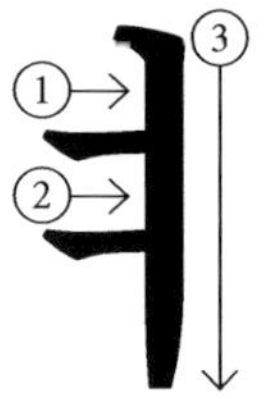

여 [yeo]

Typ: **Vokal**

Aussprache: **[yeo]**

Tipp: Dieser Vokal ist eine Kombination aus den Vokalen ㅣ[i] und ㅓ[eo].

Üben Sie, diesen Buchstaben selbst zu schreiben:

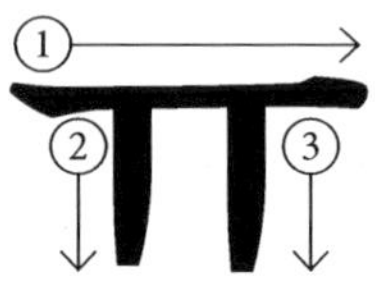

유 [yu]

Typ: **Vokal**

Aussprache: **[yu]**

Tipp: Dieser Vokal ist eine Kombination aus den Vokalen ㅣ[i] und ㅜ[u].

Üben Sie, diesen Buchstaben selbst zu schreiben:

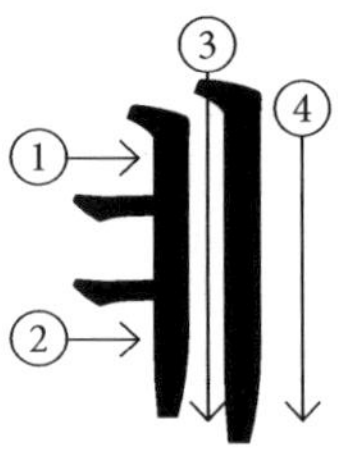

예 [ye]

Typ: **Vokal**

Aussprache: **[ye]**

Tipp: Dieser Vokal ist eine Kombination aus Vokalen ㅣ[i] und ㅔ[e].

Üben Sie, diesen Buchstaben selbst zu schreiben:

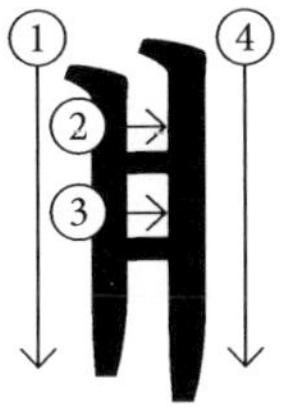

애 [yae]

Typ: **Vokal**

Aussprache: **[yae]**

Tipp: Dieser Vokal ist eine Kombination aus den Vokalen ㅣ [i] und ㅐ [ae].

Üben Sie, diesen Buchstaben selbst zu schreiben:

ㅒ

ㅒ

Tipp: Die Vokale ㅖ [ye] und ㅒ [yae] werden auf die gleiche Weise ausgesprochen.

Wollen wir nun alles, was wir bisher gelernt haben, zusammenfassen und üben!

Üben Sie, diese Silben selbst zu schreiben:

여 [yeo]

여

여

유 [yu]

유

유

예 [ye]

예

예

애 [yae]

애

애

Üben Sie, diese Silben selbst zu schreiben:

역 [yeog]

역									
역									

윤 [yun]

윤									
윤									

계 [gye]

계									
계									

냬 [nyae]

냬									
냬									

혀 [hyeo]

혀									
혀									

뷰 [byu]

뷰									
뷰									

옙 [yeb]

옙									
옙									

Üben Sie, diese Silben selbst zu schreiben:

얨									
얨									
졔									
졔									
얠									
얠									
뮥									
뮥									
혠									
혠									
셤									
셤									
육									
육									

얨
[yaem]

졔
[jye]

얠
[yael]

뮥
[myug]

혠
[hyed]

셤
[syeom]

육
[yug]

Silbenblöcke mit vier Buchstaben

Jetzt, da wir alle Hangul-Vokale gelernt haben, bleiben uns nur noch zwei neue Silbenblöcke!

K	V
K	K

Zur Verwendung mit vertikalen Vokalen.

K - Konsonant
V - Vokal

K	
V	
K	K

Zur Verwendung mit horizontalen Vokalen.

K - Konsonant
V - Vokal

Wenn auf eine Silbe aus 4 Buchstaben eine Silbe mit einem leerem Ton folgt, verschmilzt der letzte Konsonant der vorangehenden Silbe mit den 4 Buchstaben der nächsten Silbe wie in diesem Beispiel:

밝은 날 liest sich wie: [발근 날] "heller Tag""

[balgeun nal]

Oft werden 4-Buchstaben-Silben mit dem Konsonanten ㄹ [r/ - l] am unteren Rand zusammengesetzt. In den meisten dieser Fälle wird der Konsonant nicht ausgesprochen. Beispielsweise:

1. **삶** liest sich wie: [삼]
[salm]

2. **흙** liest sich wie: [흑]
[heug]

Eine Bemerkenswerte Ausnahme von dieser Regel ist:

여덟 was sich liest wie: [여달] "acht"

[yeodeolb]

Üben Sie, diese 4-Buchstaben-Silben selbst zu schreiben:

삶
[sam]

삶
삶

흙
[heug]

흙
흙

Doppelte Konsonanten

Die nächsten Hangul-Buchstaben, die wir lernen müssen, sind Doppelkonsonanten.

Tipp: Bitte beachten Sie den koreanischen Audiokurs, der Ihnen Online zur Verfügung steht, um die Aussprache von Doppelkonsonanten richtig zu üben.

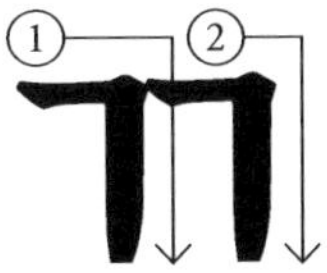

Typ: **doppelter Konsonant**
Aussprache: **[gg/-kk]**

Tipp: Doppelkonsonanten sind leicht zu lernen, da es sich nur um zwei gewöhnliche Konsonanten handelt, die zusammen geschrieben werden.

Die Strichführung ist auch gleich.

쌍기역 [ssang-giyeok]

Üben Sie, diesen Buchstaben selbst zu schreiben:

ㄲ											
ㄲ											

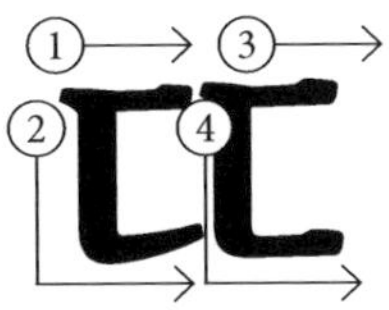

Typ: **doppelter Konsonant**
Aussprache: **[dd/-tt]**

쌍디귿 [ssang-digeut]

Üben Sie, diesen Buchstaben selbst zu schreiben:

ㄸ											
ㄸ											

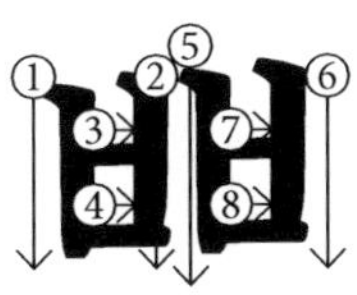

Typ: **doppelter Konsonant**
Aussprache: **[bb/-pp]**

쌍비읍 [ssang-bi-eup]

Üben Sie, diesen Buchstaben selbst zu schreiben:

ㅃ											
ㅃ											

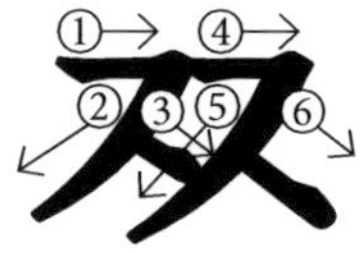

Typ: **doppelter Konsonant**

Aussprache: **[jj]**

쌍지읒 [ssang-ji-eut]

Üben Sie, diesen Buchstaben selbst zu schreiben:

ㅉ

ㅉ

Typ: **doppelter Konsonant**

Aussprache: **[ss]**

쌍시옷 [ssang-si-ot]

Üben Sie, diesen Buchstaben zu schreiben:

ㅆ

ㅆ

Wollen wir üben, Silben mit Doppelkonsonanten zu schreiben:

Üben Sie, diese Silben selbst zu schreiben:

꼼 [kkom]

꼼

꼼

땅 [ttang]

땅

땅

삥 [pping]

삥

삥

Üben Sie, diese Silben selbst zu schreiben:

쓸 [sseul]

쓸									
쓸									

찜 [jjim]

찜									
찜									

뽀 [ppo]

뽀									
뽀									

씨 [ssi]

씨									
씨									

뜸 [tteum]

뜸									
뜸									

쩐 [jjeon]

쩐									
쩐									

끈 [kkeun]

끈									
끈									

Üben Sie, diese Silben selbst zu schreiben:

띠
[tti]

띠									
띠									

써
[sseo]

써									
써									

뺘
[ppya]

뺘									
뺘									

쭈
[jju]

쭈									
쭈									

꼬
[kko]

꼬									
꼬									

쌈
[ssam]

쌈									
쌈									

쁜
[ppeun]

쁜									
쁜									

Starke Konsonanten

Die nächsten Buchstaben, die wir lernen müssen, sind starke Konsonanten.

Tipp: Starke Konsonanten werden fast genauso ausgesprochen wie die regulären, nur intensiver.

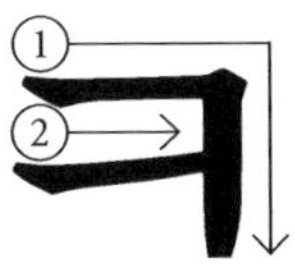

Typ: **starker Konsonant**
Aussprache: **[k]**

Tipp: Der starke Konsonant ㅋ ist eine stärkere Variante des regulären Konsonanten ㄱ .

키읔 [ki-euk]

Üben Sie, diesen Buchstaben selbst zu schreiben:

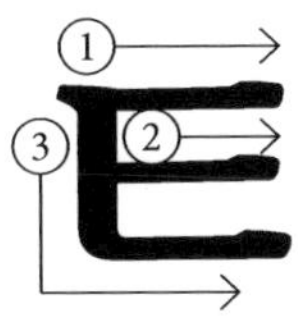

Typ: **starker Konsonant**
Aussprache: **[t]**

Tipp: Der starke Konsonant ㅌ ist eine stärkere Variante des regulären Konsonanten ㄷ.

티읕 [ti-eut]

Üben Sie, diesen Buchstaben selbst zu schreiben:

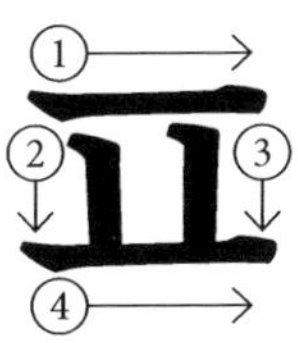

Typ: **starker Konsonant**
Aussprache: **[p]**

Tipp: Der starke Konsonant ㅍ ist eine stärkere Variante des regulären Konsonanten ㅂ.

Tipp: Konsonant ㅍ klingt wie [p] und sieht aus wie der Buchstabe **π** [pi].

피읖 [pi-eup]

Üben Sie, diesen Buchstaben selbst zu schreiben:

ㅊ

Typ: **starker Konsonant**
Aussprache: **[ch]**

Tipp: Der starke Konsonant ㅊ ist eine stärkere Variante des regulären Konsonanten ㅈ.

치읓 [chi-eut]

Üben Sie, diesen Buchstaben selbst zu schreiben:

ㅊ

ㅊ

Üben wir nun das Schreiben von Silben mit regulären, doppelten und starken Konsonanten:

Üben Sie, diese Silben selbst zu schreiben:

가 [ga]

가

가

까 [kka]

까

까

카 [ka]

카

카

도 [do]

도

도

또 [tto]

또

또

Üben Sie, diese Silben selbst zu schreiben:

토 [to]

토									
토									

비 [bi]

비									
비									

삐 [ppi]

삐									
삐									

피 [pi]

피									
피									

즈 [jeu]

즈									
즈									

쯔 [jjeu]

쯔									
쯔									

츠 [cheu]

츠									
츠									

Üben Sie, diese Silben selbst zu schreiben:

굼
[gum]

꿈
[kkum]

쿰
[kum]

반
[ban]

빤
[ppan]

판
[pan]

즐
[jeul]

굼									
굼									
꿈									
꿈									
쿰									
쿰									
반									
반									
빤									
빤									
판									
판									
즐									
즐									

Üben Sie, diese Silben selbst zu schreiben:

쯜

[jjeul]

츨

[cheul]

Diphtonge

Dipthonge sind Vokale, aber zum Glück muss man nichts Neues lernen. Dies sind Kombinationen aus den Vokalen, die wir bereits kennen!

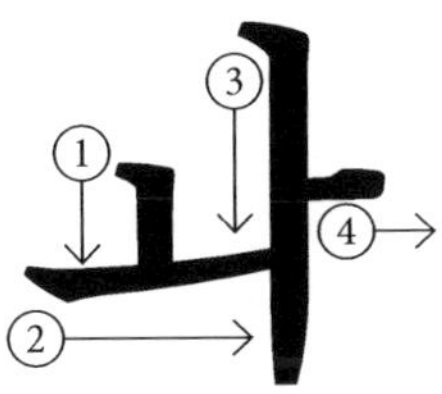

와 [wa]

Typ: **Dipthong**
Aussprache: **[wa]**

Tipp: Der Dipthong ㅘ ist eine Kombination der Vokale ㅗ [o] und ㅏ [a]. Versuchen Sie, diese Vokale schnell zusammen auszusprechen, und Sie erhalten [wa].

Üben Sie, diesen Buchstaben selbst zu schreiben:

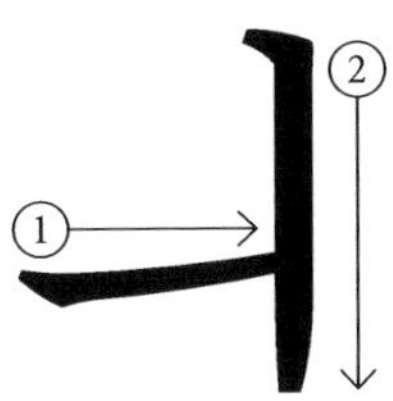

의 [ui]

Typ: **Dipthong**
Aussprache: **[ui]**

Tipp: Der Dipthong ㅢ ist eine Kombination der Vokale ㅡ [eu] und ㅣ [i]. Versuchen Sie, diese Vokale schnell zusammen auszusprechen, und Sie erhalten [ui].

Tipp: Bei Verwendung mit einem Konsonanten neben ㅇ wird dieser Dipthong als [i] ausgesprochen.

Üben Sie, diesen Buchstaben selbst zu schreiben:

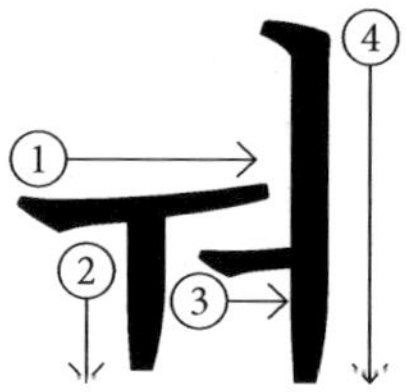

워 [wo]

Typ: **Dipthong**
Aussprache: **[wo]**

Tipp: Der Dipthong ㅝ ist eine Kombination der Vokale ㅜ [u] und ㅓ [eu]. Versuchen Sie, diese Vokale schnell zusammen auszusprechen, und Sie erhalten [wo].

Üben Sie, diesen Buchstaben selbst zu schreiben:

ㅝ

ㅝ

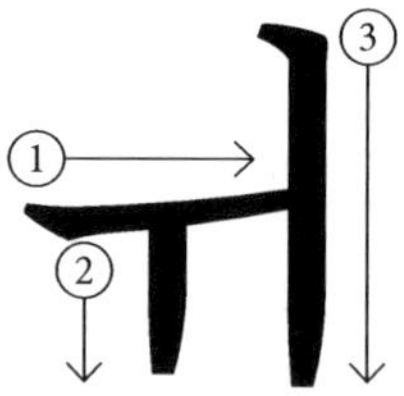

위 [wi]

Typ: **Dipthong**
Aussprache: **[wi]**

Tipp: Der Dipthong ㅟ ist eine Kombination der Vokale ㅜ [u] und ㅣ [i]. Versuchen Sie, diese Vokale schnell zusammen auszusprechen, und Sie erhalten [wi].

Üben Sie, diesen Buchstaben selbst zu schreiben:

ㅟ

ㅟ

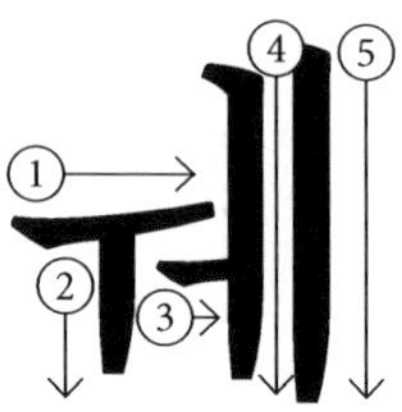

웨 [we]

Typ: **Dipthong**
Aussprache: **[we]**

Tipp: Der Dipthong ㅞ ist eine Kombination der Vokale ㅜ [u] und ㅔ [e]. Versuchen Sie, diese Vokale schnell zusammen auszusprechen, und Sie werden [we] wbekommen.

Üben Sie, diesen Buchstaben selbst zu schreiben:

ㅞ

ㅞ

ㅞ

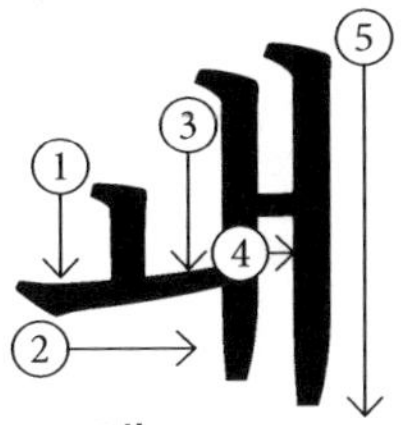

왜 [wae]

Typ: **Dipthong**
Aussprache: **[wae]**

Tipp: Der Dipthong ㅙ ist eine Kombination der Vokale ㅗ [o] und ㅐ [ae]. Versuchen Sie, diese Vokale schnell zusammen auszusprechen, und Sie erhalten [wae].

Üben Sie, diesen Buchstaben selbst zu schreiben:

ㅙ

ㅙ

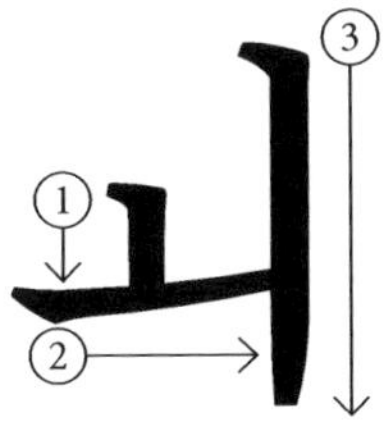

외 [oe]

Typ: **Dipthong**
Aussprache: **[oe]**

Tipp: Der Dipthong ㅚ sieht aus wie eine Kombination von Vokalen ㅗ [o] und ㅣ [i] aber eigentlich ist es eine Kombination von ㅗ [o] und ㅔ [e] und klingt wie [oe]

Tipp: Der Dipthong ㅚ [oe] und der Dipthong ㅙ [wae] klingen grundsätzlich ähnlich.

Üben Sie, diesen Buchstaben selbst zu schreiben:

ㅚ

Jetzt üben wir das Schreiben von Silben mit Diphthongen:

Üben Sie, diese Silben selbst zu schreiben:

의 [ui]

의

의

와 [wa]

와

와

워 [wo]

워

워

Üben Sie, diesen Silben selbst zu schreiben:

위 [wi]

위									
위									

왜 [wae]

왜									
왜									

외 [oe]

외									
외									

웨 [we]

웨									
웨									

싀 [sui]

싀									
싀									

봐 [bwa]

봐									
봐									

둬 [dwo]

둬									
둬									

Üben Sie, diesen Silben selbst zu schreiben:

뉘
[nwi]

뉘									
뉘									

괘
[gwae]

괘									
괘									

괴
[goe]

괴									
괴									

궤
[gwe]

궤									
궤									

흰
[huin]

흰									
흰									

관
[gwan]

관									
관									

궝
[gwong]

궝									
궝									

Üben Sie, diese Silben selbst zu schreiben:

뒤
[dwi]

뒤									
뒤									

쇄
[swae]

쇄									
쇄									

쇠
[soe]

쇠									
쇠									

훼
[hwe]

훼									
훼									

Herzlichen Glückwunsch! Sie haben jetzt alle Konsonanten und Vokale von Hangul gelernt!

축하합니다!

"Herzlichen Glückwunsch!"

Regeln für den Klangwechsel

Bevor wir unseren Hangul-Crashkurs beenden, lernen wir einige koreanische Klangänderungsregeln, damit Sie nicht verwirrt werden, wenn Sie mit bestimmten Buchstabenkombinationen konfrontiert sind.

1. Synaloiphe

Wenn ein letzter Konsonant auf einen Startvokal trifft, überträgt sich der Konsonant. Der ㅇ (ng) am Ende wird nicht übertragen. Die Endung ㅎ wird weg gelassen.

Zum Beispiel:

십오 liest sich wie [시보], 한국어 liest sich wie [한구거], 좋아 liest sich wie [조아]

2. Vereinfachung der Endkonsonanten

Die Endkonsonanten ㅋ, ㄲ werden als ㄱ ausgesprochen.
Die Endkonsonanten ㅅ, ㅈ, ㅊ, ㅌ, ㅎ, ㅆ ausgesprochen, wie ㄷ (außer wenn gefolgt von ㅇ).
Der Endkonsonant ㅍ wird als ㅂ ausgesprochen.

Zum Beispiel:

구엌 liest sich wie [구억], 끝 lliest sich wie [끋], 맛 liest sich wie [맏], 꽃 lliest sich wie [꼳], 앞 lliest sich wie [압], 맛이 lliest sich wie [마시] (Ausnahme).

3. Verstärkung/Intensivierung

Die Endkonsonanten ㄱ,ㅂ,ㅈ,ㄷ ändern den Anfangskonsonanten der nächsten Silbe in einen Doppelkonsonanten.
Der Endkonsonant ㅎ ändert nur den Anfangskonsonanten ㅅ zu ㅆ.

Zum Beispiel:

학교 Illiest sich wie [학꾜], 학생 Illiest sich wie [학쌩], 잡지 lliest sich wie [잡찌], 먹다 lliest sich wie [먹따], 좋습니다 lliest sich wie [조씁니다]

4. Nasalisierung

Wenn die Endkonsonanten auf Nasengeräusche (ㅁ,ㄴ) treffen, ändern sie sich:
ㄱ zu ㅇ; ㄷ/ㅅ/ㅈ zu ㄴ; ㅂ zu ㅁ.
Ausnahme: Wenn der Konsonant ㄱ auf einen Startkonsonanten ㄹ trifft ändern sie sich beide:
ㄱ wird zu ㅇ und ㄹ wird zu ㄴ.

Zum Beispiel:

국내 lliest sich wie [궁내], 맞는 lliest sich wie [만는], 업무 lliest sich wie [엄무] 합니다 lliest sich wie [함니다], 독립 Illiest sich wie [동닙]

5. Assimilation

Wenn der Endkonsonant ㄹ auf den Anfangskonsonant ㄴ trifft, werden beide Konsonanten als ㄹ ausgesprochen.

Zum Beispiel:

실내 liest sich wie [실래]
신라 liest sich wie [실라]

6. Aspiration

Wenn die Konsonanten ㄱ, ㄷ, ㅂ, ㅈ auf ㅎ treffen, stärken / aspirieren Sie zu ㅋ, ㅌ, ㅍ, ㅊ
Ausnahme: wenn der Konsonant ㅅ den Konsonanten ㅎ trifft, kann es sich zu ㅌ ändern.

Zum Beispiel:

북한 l liest sich wie [부칸]
좋다 liest sich wie [조타]
급행 liest sich wie [그팽]
맞히다 liest sich wie [마치다]
못하다 liest sich wie [모타다]

7. Palatisierung

Wenn der Endkonsonant ㄷ auf 이 trifft, wird er wie 지 ausgesprochen.
Wenn der Endkonsonant ㅌ auf 이 trifft, wird er wie 치 ausgesprochen.

Zum Beispiel:

굳이 liest sich wie [구지]
같이 liest sich wie [가치]

8. Aufdringlich ㄴ

Wenn in einem zusammengesetzten Wort der Konsonant auf den Anfangsvokal 이/여/야/유/요, trifft, fügen Sie Am Anfang den ㄴ hinzu.

Zum Beispiel:

꽃+잎 wird zu: [꽃+닢] und liest sich schließlich wie: [꼰닙]

음절 쓰기 연습

Silbenschreibübungen

Grundlegendes Silbendiagramm (기본 음절)

	ㅏ	ㅑ	ㅓ	ㅕ	ㅗ	ㅛ	ㅜ	ㅠ	ㅡ	ㅣ
ㄱ	가	갸	거	겨	고	교	구	규	그	기
ㄴ	나	냐	너	녀	노	뇨	누	뉴	느	니
ㄷ	다	댜	더	뎌	도	됴	두	듀	드	디
ㄹ	라	랴	러	려	로	료	루	류	르	리
ㅁ	마	먀	머	며	모	묘	무	뮤	므	미
ㅂ	ㅂ	뱌	버	벼	보	뵤	부	뷰	브	비
ㅅ	사	샤	서	셔	소	쇼	수	슈	스	시
ㅇ	아	야	어	여	오	요	우	유	으	이
ㅈ	자	쟈	저	져	조	죠	주	쥬	즈	지
ㅊ	차	챠	처	쳐	초	쵸	추	츄	츠	치
ㅋ	카	캬	커	켜	코	쿄	쿠	큐	크	키
ㅌ	타	탸	터	텨	토	툐	투	튜	트	티
ㅍ	파	퍄	퍼	펴	포	표	푸	퓨	프	피
ㅎ	하	햐	허	혀	호	효	후	휴	흐	히

Konsonanten + ㅏ

가 가 가 가

나 나 나 나

다 다 다 다

라 라 라 라

마 마 마 마

바 바 바 바

사 사 사 사

아 아 아 아

자 자 자 자

차 차 차 차

카 카 카 카

타 타 타 타

파 파 파 파

하 하 하 하

Konsonanten + ㅏ + Endkonsonant

강	강	강	강								
낲	낲	낲	낲								
닽	닽	닽	닽								
랔	랔	랔	랔								
맟	맟	맟	맟								
밪	밪	밪	밪								
상	상	상	상								
앗	앗	앗	앗								
잡	잡	잡	잡								
참	참	참	참								
칼	칼	칼	칼								
탄	탄	탄	탄								
판	판	판	판								
학	학	학	학								

Konsonanten + ㅑ

갸	갸	갸	갸								
냐	냐	냐	냐								
댜	댜	댜	댜								
랴	랴	랴	랴								
먀	먀	먀	먀								
뱌	뱌	뱌	뱌								
샤	샤	샤	샤								
야	야	야	야								
쟈	쟈	쟈	쟈								
챠	챠	챠	챠								
캬	캬	캬	캬								
탸	탸	탸	탸								
퍄	퍄	퍄	퍄								
햐	햐	햐	햐								

Konsonanten + ㅑ + Endkonsonant

걍	걍	걍	걍								
냪	냪	냪	냪								
댵	댵	댵	댵								
략	략	략	략								
먗	먗	먗	먗								
뱢	뱢	뱢	뱢								
샹	샹	샹	샹								
얏	얏	얏	얏								
쟙	쟙	쟙	쟙								
챰	챰	챰	챰								
캴	캴	캴	캴								
탼	탼	탼	탼								
퍈	퍈	퍈	퍈								
햑	햑	햑	햑								

Konsonanten + ㅓ

거

너

더

러

머

버

서

어

저

처

커

터

퍼

허

Konsonanten + ㅓ + Endkonsonant

겅	겅	겅	겅
넓	넓	넓	넓
덭	덭	덭	덭
럭	럭	럭	럭
멏	멏	멏	멏
벚	벚	벚	벚
성	성	성	성
엇	엇	엇	엇
접	접	접	접
첨	첨	첨	첨
컬	컬	컬	컬
턴	턴	턴	턴
펀	펀	펀	펀
헉	헉	헉	헉

Konsonanten + ㅕ

겨	겨	겨	겨								
녀	녀	녀	녀								
뎌	뎌	뎌	뎌								
려	려	려	려								
며	며	며	며								
벼	벼	벼	벼								
셔	셔	셔	셔								
여	여	여	여								
져	져	져	져								
쳐	쳐	쳐	쳐								
켜	켜	켜	켜								
텨	텨	텨	텨								
펴	펴	펴	펴								
혀	혀	혀	혀								

Konsonanten + ㅕ + Endkonsonant

경 경 경 경

녚 녚 녚 녚

뎥 뎥 뎥 뎥

력 력 력 력

몇 몇 몇 몇

볒 볒 볒 볒

성 성 성 성

엿 엿 엿 엿

접 접 접 접

첨 첨 첨 첨

결 결 결 결

텬 텬 텬 텬

편 편 편 편

혁 혁 혁 혁

Konsonanten +ㅗ

고	고	고	고								
노	노	노	노								
도	도	도	도								
로	로	로	로								
모	모	모	모								
보	보	보	보								
소	소	소	소								
오	오	오	오								
조	조	조	조								
초	초	초	초								
코	코	코	코								
토	토	토	토								
포	포	포	포								
호	호	호	호								

Konsonanten +ㅗ+ Endkonsonant

곻	곻	곻	곻								
높	높	높	높								
돝	돝	돝	돝								
롴	롴	롴	롴								
몿	몿	몿	몿								
봋	봋	봋	봋								
송	송	송	송								
옷	옷	옷	옷								
좁	좁	좁	좁								
촘	촘	촘	촘								
콜	콜	콜	콜								
톤	톤	톤	톤								
폰	폰	폰	폰								
혹	혹	혹	혹								

Konsonanten + ㅛ

교	교	교	교								
뇨	뇨	뇨	뇨								
됴	됴	됴	됴								
료	료	료	료								
묘	묘	묘	묘								
뵤	뵤	뵤	뵤								
쇼	쇼	쇼	쇼								
요	요	요	요								
죠	죠	죠	죠								
쵸	쵸	쵸	쵸								
쿄	쿄	쿄	쿄								
툐	툐	툐	툐								
표	표	표	표								
효	효	효	효								

Konsonanten + ㅛ + Endkonsonant

굥	굥	굥	굥								
뇨	뇨	뇨	뇨								
둍	둍	둍	둍								
룍	룍	룍	룍								
묯	묯	묯	묯								
뵻	뵻	뵻	뵻								
숑	숑	숑	숑								
욧	욧	욧	욧								
죱	죱	죱	죱								
춈	춈	춈	춈								
쿌	쿌	쿌	쿌								
툔	툔	툔	툔								
푠	푠	푠	푠								
횩	횩	횩	횩								

Konsonanten +ㅜ

구	구	구	구								
누	누	누	누								
두	두	두	두								
루	루	루	루								
무	무	무	무								
부	부	부	부								
수	수	수	수								
우	우	우	우								
주	주	주	주								
추	추	추	추								
쿠	쿠	쿠	쿠								
투	투	투	투								
푸	푸	푸	푸								
후	후	후	후								

Konsonanten +ㅜ+ Endkonsonant

궁	궁	궁	궁								
눞	눞	눞	눞								
둩	둩	둩	둩								
룩	룩	룩	룩								
뭊	뭊	뭊	뭊								
붖	붖	붖	붖								
숭	숭	숭	숭								
웃	웃	웃	웃								
줍	줍	줍	줍								
춤	춤	춤	춤								
쿨	쿨	쿨	쿨								
툳	툳	툳	툳								
푼	푼	푼	푼								
훅	훅	훅	훅								

Konsonanten +ㅠ

규	규	규	규								
뉴	뉴	뉴	뉴								
듀	듀	듀	듀								
류	류	류	류								
뮤	뮤	뮤	뮤								
뷰	뷰	뷰	뷰								
슈	슈	슈	슈								
유	유	유	유								
쥬	쥬	쥬	쥬								
츄	츄	츄	츄								
큐	큐	큐	큐								
튜	튜	튜	튜								
퓨	퓨	퓨	퓨								
휴	휴	휴	휴								

Konsonanten + ㅠ + Endkonsonant

귱	귱	귱	귱
늎	늎	늎	늎
듙	듙	듙	듙
륙	륙	륙	륙
뮻	뮻	뮻	뮻
븇	븇	븇	븇
슝	슝	슝	슝
윷	윷	윷	윷
즙	즙	즙	즙
츔	츔	츔	츔
큘	큘	큘	큘
튠	튠	튠	튠
퓬	퓬	퓬	퓬
휵	휵	휵	휵

Konsonanten + ㅣ

기	기	기	기								
니	니	니	니								
디	디	디	디								
리	리	리	리								
미	미	미	미								
비	비	비	비								
시	시	시	시								
이	이	이	이								
지	지	지	지								
치	치	치	치								
키	키	키	키								
티	티	티	티								
피	피	피	피								
히	히	히	히								

Konsonanten + ㅣ + Endkonsonant

깅	깅	깅	깅								
닢	닢	닢	닢								
딭	딭	딭	딭								
릨	릨	릨	릨								
밎	밎	밎	밎								
빚	빚	빚	빚								
싱	싱	싱	싱								
잇	잇	잇	잇								
집	집	집	집								
침	침	침	침								
킬	킬	킬	킬								
틴	틴	틴	틴								
핀	핀	핀	핀								
힉	힉	힉	힉								

Konsonanten +ㅡ

그	그	그	그								
느	느	느	느								
드	드	드	드								
르	르	르	르								
므	므	므	므								
브	브	브	브								
스	스	스	스								
으	으	으	으								
즈	즈	즈	즈								
츠	츠	츠	츠								
크	크	크	크								
트	트	트	트								
프	프	프	프								
흐	흐	흐	흐								

Konsonanten + ㅡ + Endkonsonant

긍	긍	긍	긍								
늪	늪	늪	늪								
듵	듵	듵	듵								
릌	릌	릌	릌								
믗	믗	믗	믗								
븣	븣	븣	븣								
승	승	승	승								
읏	읏	읏	읏								
즙	즙	즙	즙								
츰	츰	츰	츰								
클	클	클	클								
튼	튼	튼	튼								
픈	픈	픈	픈								
흑	흑	흑	흑								

Konsonanten + ㅐ

개	개	개	개								
내	내	내	내								
대	대	대	대								
래	래	래	래								
매	매	매	매								
배	배	배	배								
새	새	새	새								
애	애	애	애								
재	재	재	재								
채	채	채	채								
캐	캐	캐	캐								
태	태	태	태								
패	패	패	패								
해	해	해	해								

Konsonanten + ㅐ + Endkonsonant

갱 갱 갱 갱

냈 냈 냈 냈

댙 댙 댙 댙

랙 랙 랙 랙

맺 맺 맺 맺

뱃 뱃 뱃 뱃

생 생 생 생

앳 앳 앳 앳

잽 잽 잽 잽

챔 챔 챔 챔

캘 캘 캘 캘

탠 탠 탠 탠

팬 팬 팬 팬

핵 핵 핵 핵

Konsonanten + ㅔ

게	게	게	게								
네	네	네	네								
데	데	데	데								
레	레	레	레								
메	메	메	메								
베	베	베	베								
세	세	세	세								
에	에	에	에								
제	제	제	제								
체	체	체	체								
케	케	케	케								
테	테	테	테								
페	페	페	페								
헤	헤	헤	헤								

Konsonanten + ㅔ + Endkonsonant

겡 겡 겡 겡

넾 넾 넾 넾

뎉 뎉 뎉 뎉

렉 렉 렉 렉

멫 멫 멫 멫

벳 벳 벳 벳

셍 셍 셍 셍

엣 엣 엣 엣

젭 젭 젭 젭

쳄 쳄 쳄 쳄

켈 켈 켈 켈

텐 텐 텐 텐

펜 펜 펜 펜

헥 헥 헥 헥

Konsonanten + ㅐ

개	개	개	개								
내	내	내	내								
대	대	대	대								
래	래	래	래								
매	매	매	매								
배	배	배	배								
새	새	새	새								
애	애	애	애								
재	재	재	재								
채	채	채	채								
캐	캐	캐	캐								
태	태	태	태								
패	패	패	패								
해	해	해	해								

Konsonanten + ㅒ + Endkonsonant

걩

냺

댵

럑

먯

뱻

섕

얫

쟵

챰

컐

턘

퍈

햭

Konsonanten + ㅖ

계 계 계 계

녜 녜 녜 녜

뎨 뎨 뎨 뎨

례 례 례 례

몌 몌 몌 몌

볘 볘 볘 볘

셰 셰 셰 셰

예 예 예 예

졔 졔 졔 졔

쳬 쳬 쳬 쳬

켸 켸 켸 켸

톄 톄 톄 톄

폐 폐 폐 폐

혜 혜 혜 혜

Konsonanten + ㅖ + Endkonsonant

곙	곙	곙	곙								
녋	녋	녋	녋								
뎉	뎉	뎉	뎉								
롁	롁	롁	롁								
몣	몣	몣	몣								
볫	볫	볫	볫								
솅	솅	솅	솅								
옛	옛	옛	옛								
졥	졥	졥	졥								
쳼	쳼	쳼	쳼								
켈	켈	켈	켈								
톈	톈	톈	톈								
폔	폔	폔	폔								
혝	혝	혝	혝								

Konsonanten +ㅘ

과	과	과	과								
놔	놔	놔	놔								
돠	돠	돠	돠								
롸	롸	롸	롸								
뫄	뫄	뫄	뫄								
봐	봐	봐	봐								
솨	솨	솨	솨								
와	와	와	와								
좌	좌	좌	좌								
촤	촤	촤	촤								
콰	콰	콰	콰								
톼	톼	톼	톼								
퐈	퐈	퐈	퐈								
화	화	화	화								

Konsonanten +ㅘ+ Endkonsonant

광	광	광	광
놮	놮	놮	놮
돹	돹	돹	돹
롹	롹	롹	롹
뫚	뫚	뫚	뫚
봦	봦	봦	봦
솽	솽	솽	솽
왓	왓	왓	왓
좝	좝	좝	좝
촴	촴	촴	촴
콸	콸	콸	콸
퇀	퇀	퇀	퇀
퐌	퐌	퐌	퐌
확	확	확	확

Konsonanten +ㅙ

괘	괘	괘	괘								
놰	놰	놰	놰								
돼	돼	돼	돼								
뢔	뢔	뢔	뢔								
뫠	뫠	뫠	뫠								
봬	봬	봬	봬								
쇄	쇄	쇄	쇄								
왜	왜	왜	왜								
좨	좨	좨	좨								
쵀	쵀	쵀	쵀								
쾌	쾌	쾌	쾌								
퇘	퇘	퇘	퇘								
퐤	퐤	퐤	퐤								
홰	홰	홰	홰								

Konsonanten +ㅙ+ Endkonsonant

괭 괭 괭 괭

놻 놻 놻 놻

됕 됕 됕 됕

뢕 뢕 뢕 뢕

뫶 뫶 뫶 뫶

뵂 뵂 뵂 뵂

쇙 쇙 쇙 쇙

왯 왯 왯 왯

좹 좹 좹 좹

쵐 쵐 쵐 쵐

쾔 쾔 쾔 쾔

퇜 퇜 퇜 퇜

퐨 퐨 퐨 퐨

홱 홱 홱 홱

Konsonanten + ㅚ

괴 괴 괴 괴

뇌 뇌 뇌 뇌

되 되 되 되

뢰 뢰 뢰 뢰

뫼 뫼 뫼 뫼

뵈 뵈 뵈 뵈

쇠 쇠 쇠 쇠

외 외 외 외

죄 죄 죄 죄

최 최 최 최

쾨 쾨 쾨 쾨

퇴 퇴 퇴 퇴

푀 푀 푀 푀

회 회 회 회

Konsonanten + ㅚ + Endkonsonant

굉 굉 굉 굉

뇦 뇦 뇦 뇦

됱 됱 됱 됱

뢱 뢱 뢱 뢱

뫶 뫶 뫶 뫶

뵞 뵞 뵞 뵞

쇵 쇵 쇵 쇵

욋 욋 욋 욋

죕 죕 죕 죕

쵬 쵬 쵬 쵬

쾰 쾰 쾰 쾰

퇸 퇸 퇸 퇸

푄 푄 푄 푄

획 획 획 획

Konsonanten + ㅝ

궈	궈	궈	궈								
눠	눠	눠	눠								
둬	둬	둬	둬								
뤄	뤄	뤄	뤄								
뭐	뭐	뭐	뭐								
붜	붜	붜	붜								
숴	숴	숴	숴								
워	워	워	워								
줘	줘	줘	줘								
춰	춰	춰	춰								
쿼	쿼	쿼	쿼								
퉈	퉈	퉈	퉈								
풔	풔	풔	풔								
훠	훠	훠	훠								

Konsonanten +ㅝ+ Endkonsonant

궝	궝	궝	궝								
눺	눺	눺	눺								
뒅	뒅	뒅	뒅								
뤜	뤜	뤜	뤜								
뭧	뭧	뭧	뭧								
붳	붳	붳	붳								
숽	숽	숽	숽								
웟	웟	웟	웟								
줩	줩	줩	줩								
췸	췸	췸	췸								
퀄	퀄	퀄	퀄								
퉌	퉌	퉌	퉌								
풘	풘	풘	풘								
훡	훡	훡	훡								

Konsonanten +ㅞ

궤 궤 궤 궤

눼 눼 눼 눼

뒈 뒈 뒈 뒈

뤠 뤠 뤠 뤠

뭬 뭬 뭬 뭬

붸 붸 붸 붸

쉐 쉐 쉐 쉐

웨 웨 웨 웨

줴 줴 줴 줴

췌 췌 췌 췌

퀘 퀘 퀘 퀘

퉤 퉤 퉤 퉤

풰 풰 풰 풰

훼 훼 훼 훼

Konsonanten +ㅞ+ Endkonsonant

궹 궹 궹 궹

뉦 뉦 뉦 뉦

뒽 뒽 뒽 뒽

뤩 뤩 뤩 뤩

뮞 뮞 뮞 뮞

뷪 뷪 뷪 뷪

쉥 쉥 쉥 쉥

웻 웻 웻 웻

줿 줿 줿 줿

췜 췜 췜 췜

퀠 퀠 퀠 퀠

퉨 퉨 퉨 퉨

풴 풴 풴 풴

휁 휁 휁 휁

Konsonanten + ㅟ

귀	귀	귀	귀								
뉘	뉘	뉘	뉘								
뒤	뒤	뒤	뒤								
뤼	뤼	뤼	뤼								
뮈	뮈	뮈	뮈								
뷔	뷔	뷔	뷔								
쉬	쉬	쉬	쉬								
위	위	위	위								
쥐	쥐	쥐	쥐								
취	취	취	취								
퀴	퀴	퀴	퀴								
튀	튀	튀	튀								
퓌	퓌	퓌	퓌								
휘	휘	휘	휘								

Konsonanten +ㅟ+ Endkonsonant

귕

뉦

뒽

륔

뮞

뷪

슁

윗

쥡

췸

퀼

튄

퓐

휙

Konsonanten + ㅢ

긔

늬

듸

릐

믜

븨

싀

의

즤

츼

킈

틔

픠

희

Konsonanten +ㅢ+ Endkonsonant

긩	긩	긩	긩								
닆	닆	닆	닆								
딑	딑	딑	딑								
릨	릨	릨	릨								
믲	믲	믲	믲								
븿	븿	븿	븿								
싕	싕	싕	싕								
읫	읫	읫	읫								
즵	즵	즵	즵								
칌	칌	칌	칌								
킐	킐	킐	킐								
틘	틘	틘	틘								
픤	픤	픤	픤								
흭	흭	흭	흭								

Doppelkonsonanten + ㅏ

까 까 까 까

따 따 따 따

빠 빠 빠 빠

짜 짜 짜 짜

싸 싸 싸 싸

Doppelkonsonanten + ㅏ + Endkonsonant

깍 깍 깍 깍

딴 딴 딴 딴

빧 빧 빧 빧

짤 짤 짤 짤

쌈 쌈 쌈 쌈

깝 깝 깝 깝

땃 땃 땃 땃

빵 빵 빵 빵

Doppelkonsonanten + ㅑ

까 까 까 까

땨 땨 땨 땨

뺘 뺘 뺘 뺘

쨔 쨔 쨔 쨔

쌰 쌰 쌰 쌰

Doppelkonsonanten + ㅑ + Endkonsonant

꺗 꺗 꺗 꺗

땽 땽 땽 땽

뺫 뺫 뺫 뺫

쨪 쨪 쨪 쨪

쌱 쌱 쌱 쌱

꺝 꺝 꺝 꺝

땹 땹 땹 땹

뺭 뺭 뺭 뺭

Doppelkonsonanten + ㅓ

꺼 꺼 꺼 꺼

떠 떠 떠 떠

뻐 뻐 뻐 뻐

쩌 쩌 쩌 쩌

써 써 써 써

Doppelkonsonanten + ㅓ + Endkonsonant

꺽 꺽 꺽 꺽

떤 떤 떤 떤

뻔 뻔 뻔 뻔

쩔 쩔 쩔 쩔

썸 썸 썸 썸

껍 껍 껍 껍

떳 떳 떳 떳

뻥 뻥 뻥 뻥

Doppelkonsonanten + ㅕ

껴 껴 껴 껴

뗘 뗘 뗘 뗘

뼈 뼈 뼈 뼈

쪄 쪄 쪄 쪄

쎠 쎠 쎠 쎠

Doppelkonsonanten + ㅕ + Endkonsonant

껻 껻 껻 껻

뗭 뗭 뗭 뗭

뼛 뼛 뼛 뼛

쪗 쪗 쪗 쪗

쎡 쎡 쎡 쎡

꼍 꼍 꼍 꼍

뗦 뗦 뗦 뗦

뼝 뼝 뼝 뼝

Doppelkonsonanten +ㅗ

꼬	꼬	꼬	꼬								
또	또	또	또								
뽀	뽀	뽀	뽀								
쪼	쪼	쪼	쪼								
쏘	쏘	쏘	쏘								

Doppelkonsonanten +ㅗ+ Endkonsonant

꼭	꼭	꼭	꼭								
똔	똔	똔	똔								
뽄	뽄	뽄	뽄								
쫄	쫄	쫄	쫄								
쏨	쏨	쏨	쏨								
꼽	꼽	꼽	꼽								
똣	똣	똣	똣								
뽕	뽕	뽕	뽕								

Doppelkonsonanten + ㅛ

꾜 꾜 꾜 꾜

뚀 뚀 뚀 뚀

뾰 뾰 뾰 뾰

쬬 쬬 쬬 쬬

쑈 쑈 쑈 쑈

Doppelkonsonanten + ㅛ + Endkonsonant

꾯 꾯 꾯 꾯

뚕 뚕 뚕 뚕

뾧 뾧 뾧 뾧

쬿 쬿 쬿 쬿

쑉 쑉 쑉 쑉

꾵 꾵 꾵 꾵

뚚 뚚 뚚 뚚

뿅 뿅 뿅 뿅

Doppelkonsonanten +ㅜ

꾸	꾸	꾸	꾸								
뚜	뚜	뚜	뚜								
뿌	뿌	뿌	뿌								
쭈	쭈	쭈	쭈								
쑤	쑤	쑤	쑤								

Doppelkonsonanten +ㅜ+ Endkonsonant

꾹	꾹	꾹	꾹								
뚠	뚠	뚠	뚠								
뿐	뿐	뿐	뿐								
쭐	쭐	쭐	쭐								
쑴	쑴	쑴	쑴								
꿉	꿉	꿉	꿉								
뚯	뚯	뚯	뚯								
뿡	뿡	뿡	뿡								

Doppelkonsonanten + ㅠ

꾸
뜌
쀼
쮸
쓔

Doppelkonsonanten + ㅠ + Endkonsonant

꿋
뜽
쀳
쭛
쓕
뀰
뜊
쀵

Doppelkonsonanten + ㅣ

끼	끼	끼	끼								
띠	띠	띠	띠								
삐	삐	삐	삐								
찌	찌	찌	찌								
씨	씨	씨	씨								

Doppelkonsonanten + ㅣ + Endkonsonant

끽	끽	끽	끽								
띤	띤	띤	띤								
삔	삔	삔	삔								
찔	찔	찔	찔								
씸	씸	씸	씸								
낍	낍	낍	낍								
띳	띳	띳	띳								
삥	삥	삥	삥								

Doppelkonsonanten +ㅡ

끄	끄	끄	끄								
뜨	뜨	뜨	뜨								
쁘	쁘	쁘	쁘								
쯔	쯔	쯔	쯔								
쓰	쓰	쓰	쓰								

Doppelkonsonanten +ㅡ+ Endkonsonant

끗	끗	끗	끗								
뜽	뜽	뜽	뜽								
쁫	쁫	쁫	쁫								
쯪	쯪	쯪	쯪								
씈	씈	씈	씈								
끝	끝	끝	끝								
뜦	뜦	뜦	뜦								
쁭	쁭	쁭	쁭								

Doppelkonsonanten + ㅐ

깨 깨 깨 깨

때 때 때 때

빼 빼 빼 빼

째 째 째 째

쌔 쌔 쌔 쌔

Doppelkonsonanten + ㅐ + Endkonsonant

깩 깩 깩 깩

땐 땐 땐 땐

뺀 뺀 뺀 뺀

쨀 쨀 쨀 쨀

쌤 쌤 쌤 쌤

깹 깹 깹 깹

땟 땟 땟 땟

뺑 뺑 뺑 뺑

Doppelkonsonanten + ㅔ

께	께	께	께								
떼	떼	떼	떼								
뻬	뻬	뻬	뻬								
쩨	쩨	쩨	쩨								
쎄	쎄	쎄	쎄								

Doppelkonsonanten + ㅔ + Endkonsonant

껫	껫	껫	껫								
뗑	뗑	뗑	뗑								
뻿	뻿	뻿	뻿								
쩻	쩻	쩻	쩻								
쎅	쎅	쎅	쎅								
껱	껱	껱	껱								
뗦	뗦	뗦	뗦								
뼁	뼁	뼁	뼁								

Doppelkonsonanten + ㅒ

꺠	꺠	꺠	꺠								
떄	떄	떄	떄								
뺴	뺴	뺴	뺴								
쨰	쨰	쨰	쨰								
썌	썌	썌	썌								

Doppelkonsonanten + ㅒ + Endkonsonant

꺡	꺡	꺡	꺡								
떈	떈	떈	떈								
뺸	뺸	뺸	뺸								
쨸	쨸	쨸	쨸								
썜	썜	썜	썜								
꺱	꺱	꺱	꺱								
떗	떗	떗	떗								
뺑	뺑	뺑	뺑								

Doppelkonsonanten + ㅖ

꼐 꼐 꼐 꼐

뗴 뗴 뗴 뗴

뼤 뼤 뼤 뼤

쪠 쪠 쪠 쪠

쎼 쎼 쎼 쎼

Doppelkonsonanten + ㅖ + Endkonsonant

꼣 꼣 꼣 꼣

뗑 뗑 뗑 뗑

뼷 뼷 뼷 뼷

쪳 쪳 쪳 쪳

쎽 쎽 쎽 쎽

꼩 꼩 꼩 꼩

뗦 뗦 뗦 뗦

뼹 뼹 뼹 뼹

Doppelkonsonanten +ㅘ

꽈 꽈 꽈 꽈

똬 똬 똬 똬

빠 빠 빠 빠

쫘 쫘 쫘 쫘

쏴 쏴 쏴 쏴

Doppelkonsonanten +ㅘ+ Endkonsonant

꽉 꽉 꽉 꽉

똰 똰 똰 똰

뽠 뽠 뽠 뽠

쫠 쫠 쫠 쫠

쏨 쏨 쏨 쏨

꽙 꽙 꽙 꽙

똿 똿 똿 똿

빵 빵 빵 빵

Doppelkonsonanten +ㅙ

꽤	꽤	꽤	꽤								
뙈	뙈	뙈	뙈								
뽸	뽸	뽸	뽸								
쫴	쫴	쫴	쫴								
쐐	쐐	쐐	쐐								

Doppelkonsonanten +ㅙ+ Endkonsonant

꽷	꽷	꽷	꽷								
뙝	뙝	뙝	뙝								
뽻	뽻	뽻	뽻								
쫼	쫼	쫼	쫼								
쐑	쐑	쐑	쐑								
꽽	꽽	꽽	꽽								
뙓	뙓	뙓	뙓								
뽱	뽱	뽱	뽱								

Doppelkonsonanten +ㅚ

꾀	꾀	꾀	꾀								
뙤	뙤	뙤	뙤								
뾔	뾔	뾔	뾔								
쬐	쬐	쬐	쬐								
쐬	쐬	쐬	쐬								

Doppelkonsonanten +ㅚ+ Endkonsonant

꾁	꾁	꾁	꾁								
뙨	뙨	뙨	뙨								
뾘	뾘	뾘	뾘								
쬘	쬘	쬘	쬘								
쐼	쐼	쐼	쐼								
꾑	꾑	꾑	꾑								
뙷	뙷	뙷	뙷								
뾩	뾩	뾩	뾩								

Doppelkonsonanten +ㅝ

꿔	꿔	꿔	꿔								
뚸	뚸	뚸	뚸								
뿨	뿨	뿨	뿨								
쭤	쭤	쭤	쭤								
쒀	쒀	쒀	쒀								

Doppelkonsonanten +ㅝ+ Endkonsonant

꿧	꿧	꿧	꿧								
뚱	뚱	뚱	뚱								
뿟	뿟	뿟	뿟								
쮯	쮯	쮯	쮯								
쒁	쒁	쒁	쒁								
꿭	꿭	꿭	꿭								
뛺	뛺	뛺	뛺								
뿽	뿽	뿽	뿽								

Doppelkonsonanten + ㅞ

꿰	꿰	꿰	꿰								
뛔	뛔	뛔	뛔								
쀄	쀄	쀄	쀄								
쮀	쮀	쮀	쮀								
쒜	쒜	쒜	쒜								

Doppelkonsonanten + ㅞ + Endkonsonant

꿱	꿱	꿱	꿱								
뛘	뛘	뛘	뛘								
쀈	쀈	쀈	쀈								
쮈	쮈	쮈	쮈								
쒬	쒬	쒬	쒬								
꿥	꿥	꿥	꿥								
뛧	뛧	뛧	뛧								
쀙	쀙	쀙	쀙								

Doppelkonsonanten +ᅱ

뀌 뀌 뀌 뀌

뛰 뛰 뛰 뛰

쀠 쀠 쀠 쀠

쮜 쮜 쮜 쮜

쒸 쒸 쒸 쒸

Doppelkonsonanten +ᅱ+ Endkonsonant

뀟 뀟 뀟 뀟

뜅 뜅 뜅 뜅

쀳 쀳 쀳 쀳

쮯 쮯 쮯 쮯

쒹 쒹 쒹 쒹

뀥 뀥 뀥 뀥

뜊 뜊 뜊 뜊

쀵 쀵 쀵 쀵

Doppelkonsonanten + ㅢ

끠 끠 끠 끠

띄 띄 띄 띄

쁴 쁴 쁴 쁴

쯰 쯰 쯰 쯰

씌 씌 씌 씌

Doppelkonsonanten + ㅢ + Endkonsonant

끡 끡 끡 끡

띈 띈 띈 띈

쁸 쁸 쁸 쁸

쯸 쯸 쯸 쯸

씜 씜 씜 씜

끱 끱 끱 끱

띗 띗 띗 띗

쁼 쁼 쁼 쁼

Vierbuchstabige Silben

갉

냤

덟

렶

몴

뵶

숡

읎

짉

츴

캢

텘

퍲

혉

단어 쓰기 연습

Wortschreibübungen

Nützliche Sätze / 유용한 구절

Ja [ne]

네

Nein [anio]

아니오

Guten Morgen! [annyeonghaseyo]

안녕하세요

Vielen Dank [gomabseubnida]

고맙습니다

Bitte [cheonman-eyo]

천만에요

Entschuldigen Sie mich! (Entschuldigung) [sillyehabnida]

실례합니다

Es ist in Ordnung! [gwaenchanh-ayo]

괜찮아요

Ich weiß es nicht [mollayo]

몰라요

Es tut mir leid [mianhabnida]

미안합니다

Auf Wiedersehen (zur gehenden Person) [annyeonghi gaseyo]

안녕히가세요

Auf Wiedersehen (zur bleibenden Person) [annyeonghi gyeseyo]

안녕히계세요

Kann sein [amado]

아마도

Einen Augenblick! [jamkkanman-yo!]

잠깐만요!

Wieviel kostet das? [igeo eolmayeyo?]

이거얼마예요?

Bitte wiederholen Sie das [dasi malhae juseyo]

다시말해주세요

Bitte sprechen Sie langsam [cheoncheonhi malhae juseyo]

천천히말해주세요

Bitte schreib es auf [jeog-eo juseyo]

적어주세요

ich verstehe [ihaehaeyo]

이해해요

Ich verstehe nicht [ihae moshaeyo]

이해못해요

Ich weiß es nicht [mollayo]

몰라요

ich weiß [al-ayo]

알아요

Gut [joh-ayo]

좋아요

Schlecht [an joh-ayo]

안좋아요

Farben / 그림 물감

Gold [geumsaeg]

금 색

Silber [eunsaeg]

은 색

Schwarz [geom-eunsaeg]

검 은 색

Weiß [hayansaeg]

하 얀 색

Grau [hoesaeg]

회 색

Grün [chologsaeg]

초 록 색

Blau [palansaeg]

파 란 색

Gelb [nolansaeg]

노 란 색

Rosa [bunhongsaeg]

분 홍 색

Orange [juhwangsaeg]

주 황 색

Braun [galsaeg]

갈 색

Kastanienbraun [jeoggalsaeg]

적 갈 색

Himmelblau [haneulsaeg]

하 늘 색

Rot [ppalgansaeg]

빨 간 색

Beige [beijisaeg]

베 이 지 색

Elfenbein [aibolisaeg]

아 이 보 리 색

Aprikose [salgusaeg]

살 구 색

Lila [bolasaeg]

보 라 색

Hellgelb [yeonnolansaeg]

연 노 란 색

Grün (Khaki) [kakisaeg]

카 키 색

Türkis [cheonglogsaeg]

청 록 색

Hellgrün [yeondusaeg]

연 두 색

Indigo [namsaeg]

남 색

Familie / 가족

Eltern [bumonim]

부모님

Vater [abeoji]

아버지

Papa [appa]

아빠

Mutter [eomeoni]

어머니

Mama [eomma]

엄마

Paar [bubu]

부부

Ehepartner [baeuja]

배우자

Ehemann (formell) [nampyeon]

남편

Bräutigam [sinlang]

신랑

Ehefrau (formell) [anae]

아내

Braut [sinbu]

신부

Geschwister, Brüder und Schwestern [hyeongjejamae]

형제자매

Älterer Bruder (wird von Männern verwendet) [hyeong]

형

Älterer Bruder (von Frauen verwendet) [oppa]

오빠

Ältere Schwester (wird von Männern verwendet) [nuna]

누나

Ältere Schwester (von Weibchen verwendet) [eonni]

언니

Jüngeres Geschwister [dongsaeng]

동생

Jüngerer Bruder [namdongsaeng]

남동생

Jüngere Schwester [yeodongsaeng]

여동생

Sohn [adeul]

아들

Tochter [ttal]

딸

Baby [agi]

아기

Großeltern [jobumo]

조부모

Großvater (Vater des Vaters) [hal-abeoji]

할아버지

Großmutter (Mutter des Vaters) [halmeoni]

할머니

Großvater (Vater der Mutter) [oehal-abeoji]

외할아버지

Großmutter (Mutters Mutter) [oehalmeoni]

외할머니

Onkel [samchon]

삼촌

Tante (Schwester des Vaters) [gomo]

고모

Tante (Schwester der Mutter) [imo]

이모

Neffe [joka]

조카

Nichte [jokattal]

조카딸

Enkel [sonja]

손자

Enkelin [sonnyeo]

손녀

Cousin [sachon]

사촌

Haus / 집

Haus [jib]

집

Zimmer [bang]

방

Bad [hwajangsil]

화장실

Küche [bueok]

부엌

Wohnzimmer [geosil]

거실

Schlafzimmer [chimsil]

침실

Balkon [balkoni]

발코니

Hinterhof [dwismadang]

뒷마당

Treppe [gyedan]

계단

Dachboden [dalagbang]

다락방

Wohnung [apateu]

아파트

Berufe / 직업

Klempner [baegwangong]

배관공

Zimmermann [mogsu]

목수

Gärtner [jeong-wonsa]

정원사

Schlosser [yeolsoegong]

열쇠공

Immobilienmakler [budongsan-eobja]

부동산업자

Elektriker [jeongi os]

전기 기술자

Maler (von Wänden) [peinteu gong]

페인트공

Bildhauer [jogagga]

조각가

Bürokraft [hoesawon]

회사원

Hausfrau [jubu]

주부

Pilot [pailleos]

파일럿

Flugbegleiter [seungmuwon]

승무원

Maler (Künstler) [hwaga]

화가

Computerprogrammierer [peulogeulaemeo]

프로그래머

Farmer [nongbu]

농부

Arzt [uisa]

의사

Zahnarzt [chigwa uisa]

치과의사

Tierarzt [suuisa]

수의사

Krankenschwester [ganhosa]

간호사

Übersetzer [beon-yeogga]

번역가

Anwalt [byeonhosa]

변호사

Soldat [gun-in]

군인

Fahrer [unjeonbyeong]

운전병

Lehrer, Mentor [seuseung]

스승

Schüler [hagsaeng]

학생

Professor [gyosu]

교수

Sänger [gasu]

가수

Komponist [jaggogga]

작곡가

Fotograf [sajinsa]

사진사

Polizist [gyeongchalgwan]

경찰관

Dichter [siin]

시인

Schriftsteller [jagga]

작가

Reporter [gija]

기자

Architekt [geonchugga]

건축가

Baumeister [geonchug-eobja]]

건축업자

Food and drinks / 음식과 음료

Kimchi [gimchi]

김 치

Gekochter weißer Reis [bab]

밥

Reis mit Bohnen [kongbab]

콩 밥

gebratener Kimchi-Reis [gimchi bokk-eumbab]

김 치 볶 음 밥

Braten [bokk-eum]

볶 음

Gebratenes Schweinefleisch [jeyug bokk-eum]

제 육 볶 음

Haferbrei [jug]

죽

Eintopf [jjigae]

찌 개

Suppe [gug]

국

Hot Pot [jeongol]

전 골

Fleisch [gogi]

고 기

Nudeln [gugsu]

국	수										

Nudelsuppe [kalgugsu]

칼	국	수									

Pfannkuchen [jeon]

전											

Beilagen [banchan]

반	찬										

Alkohol [sul]

술											

Bier [maegju]

맥	주										

Wasser [mul]

물											

Grüner Tee [nogcha]

녹	차										

Schwarzer Tee [hongcha]

홍	차										

Frühstück [achim sigsa]

아	침	식	사								

Mittagessen [jeomsim]

점	심										

Abendessen [jeonyeog sigsa]

저	녁	식	사								

Tiere / 동물

Hund [gae]

개

Hündchen [gang-aji]

강아지

Katze [goyang-i]

고양이

Kuh [so]

소

Pferd [mal]

말

Zebra [eollugmal]

얼룩말

Esel [dangnagwi]

당나귀

Tiger [holang-i]

호랑이

Löwe [saja]

사자

Gepard [chita]

치타

Wolf [neugdae]

늑대

Schwein [dwaeji]

돼 지

Wildschwein [mesdwaeji]

멧 돼 지

Schaf [yang]

양

Ziege [yeomso]

염 소

Känguru [kaeng-geolu]

캥 거 루

Hirsch [saseum]

사 슴

Kaninchen [tokki]

토 끼

Giraffe [gilin]

기 린

Affe [wonsung-i]

원 숭 이

Elefant [kokkili]

코 끼 리

Bär [gom]

곰

Eichhörnchen [dalamjwi]

다 람 쥐

Datum und Uhrzeit / 날짜와 시간

Sekunde [cho]

초

Minute [bun]

분

Stunde [si]

시

Zeit [sigan]

시간

Tag [il]

일

Woche [ju]

주

Monat [wol]

월

Jahr [nyeon]

년

Heute [oneul]

오늘

Morgen [naeil]

내일

Gestern [eoje]

어제

Sonntag [il-yoil]

일요일

Montag [wol-yoil]

월요일

Dienstag [hwayoil]

화요일

Mittwoch [suyoil]

수요일

Donnerstag [mog-yoil]

목요일

Freitag [geum-yoil]

금요일

Samstag [toyoil]

토요일

Morgen (AM) [ojeon]

오전

Nachmittag (PM) [ohu]

오후

Letzte Woche [ibeonju]

이번주

Nächste Woche [da-eumju]

다음주

Jede Woche [maeju]

매주

Stadt / 시티

Theater [yeonghwagwan]

영 화 관

Cafe [keopi syob]

커 피 숍

Buchhandlung [seojeom]

서 점

Krankenhaus [byeong-won]

병 원

Kleidergeschäft [osgage]

옷 가 게

Restaurant [sigdang]

식 당

Bank [eunhaeng]

은 행

Flughafen [gonghang]

공 항

Toiletten [hwajangsil]

화 장 실

Parkplatz [juchajang]

주 차 장

Schreibwarenhandlung [munbang-gu]

문 방 구

Geschäft [gage]

가게

Obstladen [gwail gage]

과일가게

Gemüseladen [yachae gage]

야채가게

Öffentlicher Markt [sijang]

시장

Zoo [dongmul-won]

동물원

Supermarkt [daehyeong mateu]

대형마트

Gemischtwarenladen [pyeon-uijeom]

편의점

Öffentliche Sauna [jjimjilbang]

찜질방

Spielplatz [undongjang]

운동장

Fitness-Club [helseu keulleob]

헬스클럽

Park [gong-won]

공원

Schönheitssalon [miyongsil]

미용실

Kleidund und Mode / 옷과 패션

Traditionelle koreanische Kleidung [hanbog]

한 복

Businessanzug [yangbog]

양 복

Passen [jeongjang]

정 장

Hut [moja]

모 자

Brille [angyeong]

안 경

Sonnenbrille [seongeullaseu]

선 글 라 스

Hemd [tisyeocheu]

티 셔 츠

Anzughemd [wai syeocheu]

와 이 셔 츠

Mantel [koteu]

코 트

Jumper [jeompeo]

점 퍼

Jacke [jakes]

자 켓

Oberbekleidung [wis-os]

윗 옷

Gürtel [belteu]

벨 트

Hose [baji]

바 지

Kurze Hose [geot-os]

반 바 지

Jeans [cheongbaji]

청 바 지

Rock [chima]

치 마

Sportschuhe [undonghwa]

운 동 화

Hochhackige Schuhe [haihil]

하 이 힐

Schuhe [sinbal]

신 발

Abendschuhe [gudu]

구 두

Socken [yangmal]

양 말

Stiefel [boda]

부 츠

Printed in Poland
by Amazon Fulfillment
Poland Sp. z o.o., Wrocław

78908498R00081